DEDICADO A:

....

DE:

....

FECHA:

....

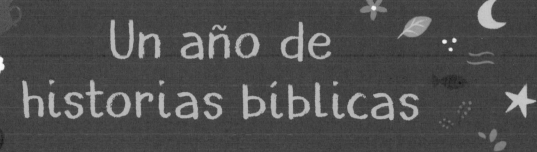

Un año de historias bíblicas

Un tesoro de 48 historias
entrañables de la Palabra de Dios

BARBOUR
ESPAÑOL
Un Sello de Barbour Publishing

Escrito por JoAnne Simmons
Ilustrado por Anni Schmidt

Cubierta e ilustraciones de diseño por Anni Schmidt

Desarrollo editorial: Semantics, Inc. Semantics01@comcast.net

Publicado por Barbour Español, un sello de Barbour Publishing, 1810 Barbour Drive, Uhrichsville, Ohio 44683.

Nuestra misión es inspirar al mundo con el mensaje transformador de la Biblia.

Impreso en China

001721 0923 HA

DEDICATORIA

A mamá, papá, Mema, Connie, la abuela y el abuelo que me hicieron amar la lectura: su amor y sus historias son mis primeros y más amados recuerdos. Y a algunas mujeres especiales que me acompañaron mientras crecía, que tuvieron un impacto maravilloso en mí: Elsie Wiley, Diana Richeson, Susan Crawford, Katie Billet y Sandi Harner. ¡Gracias por enseñarme, inspirarme y animarme!

- JoAnne

CONTENIDO

Comienzos

Si has oído alguna vez los relatos de la creación y del arca de Noé, y si lo sabes todo sobre las vidas de Pablo y Job, quizás te preguntes qué tienen en común estas cuatro historias bíblicas. Dios creó la tierra y todo lo que hay en ella, incluidos el primer hombre y la primera mujer, Adán y Eva; Noé construyó un arca enorme que los salvó a él y a su familia de un gran diluvio; Saulo (que también se llamaba Pablo) vivió toda una aventura en el camino a Damasco (¡incluso estuvo ciego por un tiempo!); y Job tenía todo lo que una persona pudiera desear o necesitar, y luego lo perdió todo, pero *aun así* fue enormemente bendecido. Aunque cada una de estas historias bíblicas es bastante diferente, todas comparten un mensaje de nuevos comienzos.

Un nuevo comienzo es algo maravilloso. Es empezar de nuevo. Piensa en tu peor día... luego piensa en cómo te sentiste una vez terminado ese día y teniendo delante la promesa de un nuevo día. Genial, ¿no? Dios, que rebosa amor y gracia (gracia es cuando recibes algo maravilloso que no mereces), permite nuevos comienzos todo el tiempo. Él permitió un nuevo comienzo para personas sobre las que leemos en su Palabra, la Biblia. Y también lo permite para nosotros hoy.

¿Qué tienen de especial los nuevos comienzos? ¡Lee las historias de este mes y compruébalo tú mismo!

EN EL PRINCIPIO
La historia de la Creación

Imagínate el primer nuevo comienzo. ¿Cómo fue cuando Dios creó de la nada la tierra y todo lo que hay en ella? ¿*Nada*? ¡Es increíble pensar en todo lo que Dios hizo!

Al principio, no había personas en la tierra. No había animales en la tierra. No había flores que recoger ni árboles que trepar ni charcos de barro en los que brincar sobre la tierra. No había luz para ver nada en la tierra. ¡Nada de nada! La tierra ni siquiera tenía forma. Simplemente no existía.

Solo existía Dios. Y al hablar él, podía hacer que cualquier cosa se hiciera realidad. Así que eso es justo lo que hizo.

Dijo: «*Hágase la luz*». Y hubo luz. Llamó a la luz «día» y a la oscuridad «noche». Ese fue el primer día.

Dijo: «*Que haya espacio entre los cielos y la tierra*». Llamó a ese espacio «cielo». Ese fue el segundo día.

Dijo: «*Que haya tierra, mares, plantas y árboles*». Y formó el mundo con tierra, mar, plantas y árboles. Ese fue el tercer día.

Dijo: «*Que haya sol, luna y estrellas*». Y hubo sol, luna y estrellas. Ese fue el cuarto día.

Dijo: «*Que haya todo tipo de criaturas que nadan y todo tipo de criaturas voladoras*». Y hubo toda clase de peces para llenar las aguas y toda clase de aves para llenar los cielos. Ese fue el quinto día.

Dijo: «*Que haya toda clase de animales terrestres: con piel, que se arrastren, que se deslicen y salvajes*». Y hubo todo tipo de animales para llenar la tierra. Entonces dijo: «*Que haya personas, hechas muy parecidas a mí. Que gobiernen sobre todos los peces, aves y animales terrestres*». Y hubo personas hechas para gobernar sobre todas las criaturas de la tierra. Ese fue el sexto día.

Dios vio todo lo que hizo y vio que era bueno. En el séptimo día, Dios descansó, y bendijo el séptimo día y lo convirtió en un día muy especial, un día santo.

Estos fueron los primeros días, que formaron la primera semana. Dios creó la tierra y todo lo que hay en ella completamente nuevo. ¡Este fue el comienzo de todos los nuevos comienzos!

(Adaptado de Génesis 1.1-2.3)

EL GRAN DILUVIO
La historia de Noé

Dios tenía un plan maravilloso para su flamante y hermosa creación. Les dijo a las primeras personas, Adán y Eva, que tuvieran una gran familia para empezar a llenar el mundo con mucha más gente. Pero Adán y Eva también empezaron a llenar el mundo con algo más. Algo muy malo. Algo llamado pecado.

El pecado es decidir desobedecer las reglas de Dios. Sus reglas son buenas y sirven para ayudar a las personas y permitirles estar cerca de Dios. Después de que Adán y Eva hicieran la primera mala elección del mundo, de repente el pecado lo afectó todo en todas partes. Y no se detuvo ahí. Cuanta más gente había en el mundo, más pecado se extendía entre ellos. Pasaron años y años. Vivieron muchas personas. Aumentó el pecado más y más.

Un día Dios dijo: «*Ya basta*». Estaba enojado, preocupado y triste porque la gente elegía ser mala en lugar de elegir seguirle a él. Así que planeó un nuevo comienzo y lo compartió con un hombre bueno que aún le seguía: Noé.

Dios le dijo a Noé que iba a enviar un enorme diluvio para limpiar la maldad del mundo. Así Noé, su esposa y sus hijos podrían empezar de nuevo. Le mandó que construyera un gran barco, llamado arca, que salvaría a Noé y a su familia del diluvio que se avecinaba. Entonces Noé obedeció a Dios trayendo una pareja de todos los tipos de animales al arca. Dos ovejas... dos vacas... dos conejos... dos búhos. Por parejas, las criaturas llenaron aquella gran arca como un zoo. Finalmente, Dios cerró las puertas del arca e hizo que lloviera muchísimo y aumentara el nivel de las aguas.

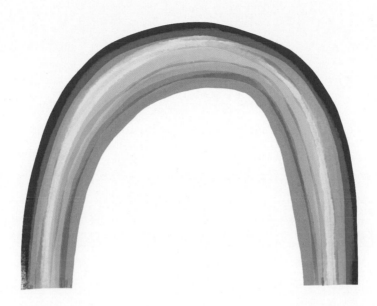

Por cuarenta días y cuarenta noches cayó la lluvia y subieron las aguas. Con el tiempo, el agua cubrió hasta las cumbres más altas. El diluvio ahogó y destruyó todo lo que había sobre la tierra. *Todo.* Pero el arca que Dios diseñó flotaba a salvo. Dios protegió a Noé, a su familia y a los numerosos animales.

Al final, Dios retiró todas las aguas del diluvio y puso el arca en tierra seca. Llamó a Noé, a su familia y a los animales fuera del arca y les dijo: *«¡Vivan y amen y llenen la tierra de nuevo!».* También hizo una nueva promesa. Dios dijo que nunca volvería a destruir toda la vida de la tierra con agua. Luego pintó colores en el cielo —¡un arcoíris!— como símbolo de esa promesa. Desde entonces, los arcoíris han mostrado que Dios cumple sus promesas y es el Dador de nuevos comienzos. Y cada nuevo arcoíris siempre nos lo recordará.

(Adaptado de Génesis 6-9)

DE LA TRAGEDIA A LA BENDICIÓN
La historia de Job

Muchos años después de Noé, vivió un hombre llamado Job, en una tierra llamada Uz. Al igual que Noé, Job era un hombre muy bueno que amaba y seguía a Dios. Tenía esposa y una familia muy numerosa, con siete hijos y tres hijas. Job los amaba mucho a todos y cuidaba bien de ellos. Tenía mucha fe; no quería tener nada que ver con la maldad. Y además era muy rico. Poseía siete mil ovejas, tres mil camellos, quinientas yuntas de bueyes y quinientos asnos. Job también tenía muchos sirvientes que trabajaban para él. Con razón lo llamaban el hombre más grande entre los pueblos de Oriente

Pero a veces a la gente buena le pasan cosas muy malas. Y a Job le ocurrieron cosas terribles. Job perdió a todos sus hijos el mismo día y también todos sus animales y riquezas. Oh, qué triste estaba Job. Sin embargo, aun con el corazón destrozado, Job seguía amando, adorando y siguiendo a Dios. Dijo: «El SEÑOR me dio lo que tenía, y el SEÑOR me lo ha quitado. ¡Alabado sea el nombre del SEÑOR!» (Job 1.21 NTV).

Seguramente Job no podría soportar una desgracia más. Pero contrajo una terrible enfermedad: unas desagradables llagas en la piel de la cabeza a los pies. Sin embargo, incluso en el dolor y el sufrimiento, Job seguía amando, alabando y siguiendo a Dios... al principio. Pronto Job no pudo más con tanto sufrimiento. Estaba cansado, dolido y enfadado. Clamó a Dios con dolor y confusión. Job culpó a Dios de todo lo malo. Job necesitaba un nuevo comienzo.

Así que, desde un viento fuerte y tempestuoso, Dios le habló muy en serio a Job para recordarle su gran poder y su maravillosa bondad. Dios le habló con severidad a Job para ayudarle a ver que tenía que arrepentirse por la forma en que había culpado a Dios. Y entonces Job vio, y se arrepintió y se entristeció por su pecado. Oró pidiendo perdón, y Dios lo escuchó y lo perdonó. Entonces Dios le devolvió a Job todo lo que había perdido... ¡y mucho, mucho más!

En la alegría y en el dolor, en la abundancia y en la pérdida, en la tragedia y en la bendición, Dios amó a Job y nunca lo abandonó. La historia de Job nos recuerda que, en todas las cosas —buenas o malas—, Dios obra y abre camino a nuevos comienzos.

(Adaptado del libro de Job)

EL CAMINO A DAMASCO
La historia de Pablo

Muchísimos años después de Noé y Job, hubo un hombre llamado Saulo que era muy diferente de Noé y Job. No era un buen hombre. Fingía amar a Dios, pero odiaba a los que creían en Jesucristo, el Hijo de Dios. Odiaba tanto a estos seguidores de Cristo que los persiguió para capturarlos, encadenarlos, golpearlos y matarlos. Saulo era un hombre horrible y violento.

Un día iba de viaje a una ciudad llamada Damasco y Dios le dio a Saulo un nuevo comienzo. Dios hizo que una luz brillante rodeara a Saulo para detenerlo en el camino. Saulo cayó al suelo cuando una voz le gritó: «*Saulo, ¿por qué eres tan cruel conmigo?*».

«¿Quién eres», preguntó Saulo.

«*Yo soy Jesús, al que estás lastimando* —dijo la voz—. *Ahora levántate, y entra en la ciudad: allí alguien te dirá lo que debes hacer*».

Pero cuando Saulo se levantó, ¡no podía ver! Los hombres que viajaban con él tuvieron que guiarlo a la ciudad. Durante tres días, Saulo estuvo ciego y no quiso comer ni beber.

Mientras tanto, Dios le habló a un hombre llamado Ananías y le dijo que ayudara a traer un nuevo comienzo para Saulo. Ananías estaba un poco nervioso por ir a ver a alguien tan temido como Saulo. Había oído cómo Saulo capturaba y mataba a la gente. ¡Seguramente Dios no quería que Ananías ayudara a un tipo tan peligroso! Pero Dios tranquilizó a Ananías diciéndole que tenía una obra importante para Saulo y que todo iría bien. Así que Ananías obedeció. Encontró a Saulo exactamente donde Dios dijo que estaría.

Ananías puso sus manos sobre Saulo y le dijo: «Jesús me envió a ti. Te detuvo en el camino con la gran luz. Me envió para que puedas volver a ver y para llenarte del Espíritu Santo de Dios». En ese momento a Saulo se le cayeron como unas escamas de los ojos, y ya no estaba ciego. Se levantó y fue bautizado, y luego pasó un tiempo con los seguidores de Jesús.

Pronto estaba predicando: «¡Jesús es el Hijo de Dios!».

Todos los que oían a Saulo se asombraban del cambio que se había producido en él. Apenas podían creer la diferencia. Dios llenó a Saulo con su poder para que Saulo pudiera predicar que Jesús es el Hijo de Dios. Saulo también era conocido por el nombre de Pablo, y a partir de entonces ya no apresaba y mataba cristianos; en cambio, ¡ayudaba a la gente a *convertirse en* cristianos! Pablo continuó haciendo muchas cosas grandes para Dios, todo gracias a su nuevo comienzo.

(Adaptado de Hechos 9.1-31)

Amor

Rojo y rosa, corazones y caramelos. ¿Es eso el amor? O abrazos y besos y acurrucarse con cariño. ¿Es eso el amor? O las citas, el romanticismo y las grandes bodas de lujo. ¿Es eso el amor? La respuesta es: si Dios está en ellos, ¡sí! Lo que sabemos sobre el amor verdadero viene de Dios. Él es amor, nos dice la Biblia (1 Juan 4.16). «En esto hemos conocido el amor, en que él puso su vida por nosotros» (1 Juan 3.16 RVR1960); y «Mas Dios muestra su amor para con nosotros, en que siendo aún pecadores, Cristo murió por nosotros» (Romanos 5.8 RVR1960).

Así que si conocemos verdaderamente a Dios y le obedecemos según su Palabra, cualquier acto de amor cuya fuente es Dios es amor verdadero. Si coloreas una tarjeta de San Valentín para animar a un amigo y lo haces con el amor de Dios en tu corazón, eso es amor verdadero. Si sorprendes a tu madre con el más fuerte de los abrazos sin motivo alguno y lo haces con el amor de Dios en tu corazón, eso es amor de verdad. Si ayudas con paciencia a tu hermano pequeño con los cordones de los zapatos y lo haces con el amor de Dios en tu corazón, eso es amor verdadero. Si un hombre y una mujer salen juntos y luego se casan con el amor de Dios en sus corazones, eso es amor verdadero.

A lo largo de toda su Palabra, Dios nos enseña y nos muestra ejemplos de su verdadero amor. ¡Lee las historias de este mes y compruébalo tú mismo!

AMAR A LOS DEMÁS COMO ES DEBIDO
Esta es la historia del buen samaritano

Un día, allá en los tiempos bíblicos, un experto en religión le preguntó a Jesús qué debía hacer para que su vida durara para siempre. Jesús le ayudó a recordar que la Biblia dice que ames al Señor tu Dios con todo tu corazón, toda tu alma, todas tus fuerzas y toda tu mente, y que ames a tu prójimo como a ti mismo. Y Jesús dijo: «Haz esto y tendrás vida».

El experto religioso respondió preguntando: «Bueno, ¿y quién es mi prójimo?».

Así que Jesús contó una historia para ayudarle a entenderlo. La historia de Jesús trataba de un hombre judío que viajaba de un lugar llamado Jerusalén a otro llamado Jericó. Pero, en el camino, el judío fue atacado por ladrones. Los malvados ladrones le robaron todo, incluso la ropa. Luego le golpearon y le dejaron moribundo a un lado de la carretera.

Pronto pasó por el mismo camino un líder religioso, un sacerdote. *Seguramente* el sacerdote ayudaría al pobre judío al que habían dejado moribundo junto al camino. ¡Pero no lo hizo! Vio al pobre hombre, pero pasó de largo por el otro lado de la carretera.

A continuación, pasó un hombre de la familia de Leví. Seguro *que* ayudaría al pobre judío al que habían dejado moribundo junto al camino. ¡Pero el levita tampoco ayudó! Vio al pobre hombre, pero pasó de largo por el otro lado de la carretera.

Por último, un samaritano —que normalmente *no habría tenido nada* que ver con un judío porque entre judíos y samaritanos se llevaban muy mal— vio al pobre judío tendido junto al camino. El samaritano sintió pena por el judío. Con compasión, el samaritano

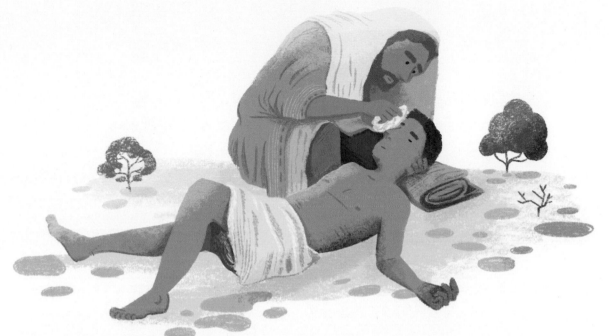

se acercó al hombre, le curó las heridas y lo vendó. Luego ayudó al herido a subir a un burro, lo llevó a una posada y pagó para que tuviera un lugar seguro donde descansar y recuperarse.

Cuando Jesús terminó de compartir esta historia, preguntó al experto religioso: «¿Cuál de los tres hombres era el prójimo del que fue atacado por los ladrones?».

Y el líder religioso dijo: «El que ayudó».

Y Jesús dijo: «Así es. Ahora ve y haz tú lo mismo».

Si tiene un amor total a Dios en corazón y alma y fuerza y mente, alguien que ayuda a los demás —sean quienes sean— es una persona que sabe y muestra lo que es el verdadero amor.

(Adaptado de Lucas 10.25-37)

UNA AMISTAD PROFUNDA Y DURADERA
La historia de David y Jonatán

Cuando David fue tan valiente que mató al gigante Goliat, Saúl, que era rey de Israel, quedó muy impresionado. Entonces el rey Saúl llamó a David para que fuera a hablar con él, y David pronto conoció al hijo del rey, Jonatán. En poco tiempo, se estableció un vínculo muy especial entre los dos jóvenes. Jonatán amaba a David y le hizo la promesa de ser un amigo leal para siempre.

Como David era un joven tan valiente, el rey Saúl quiso que trabajara para él y dirigiera sus ejércitos. Y como Dios estaba con él, David tuvo éxito en todo lo que hizo. Pero un día el rey Saúl se puso celoso porque le parecía que el pueblo de Israel respetaba a David más que a él. El rey se puso *tan* celoso que ya no se fiaba de David, ¡y de hecho quería matarlo! Les dijo a todos sus sirvientes e incluso a su hijo Jonatán que mataran a David.

Jonatán *no* pudo matar a su mejor amigo. En cambio, advirtió a David sobre las órdenes del rey. Jonatán ayudó a protegerlo. Luego defendió a David recordándole a su padre: «David nunca te ha hecho ningún mal. ¡Solo te ha ayudado! ¿No te acuerdas de cómo mató a Goliat? Ese día Dios dio una gran victoria para Israel a través de David. Tú lo viste y te alegraste. Entonces, ¿por qué ahora quieres matar a David, un hombre inocente, sin ninguna razón?». Jonatán convenció al rey Saúl para que volviera a confiar en David.

Pero el rey Saúl no tardó en volver a sentir celos y tener malos pensamientos hacia David. Atacó a David. Y Jonatán volvió a ayudar a proteger a su buen amigo de los malvados planes de su padre. Jonatán animó y amó a David. Jonatán le dijo a su amigo: «Lo que quieras que haga, yo lo haré por ti». Y se mantuvo fiel a esa promesa. Arriesgó su vida para proteger y ayudar a David en todo lo que pudo, a pesar de la ira del rey Saúl. Jonatán sabía que los planes de su padre estaban mal y se mantendría leal a David pasara lo que pasara.

Jonatán podría haber sentido celos de David. Podría haber querido convertirse en el siguiente rey después de Saúl en lugar de David. Pero Jonatán amaba a Dios y amaba a su amigo David, con el verdadero tipo de amor que se preocupa por los demás más que por uno mismo, el verdadero tipo de amor que es leal y verdadero.

(Adaptado de 1 Samuel 18-20)

DONDE TÚ VAYAS, IRÉ
La historia de Rut

En una tierra llamada Moab, vivía una joven llamada Rut. Se casó con un hombre que se había mudado de Belén para establecerse en Moab. Había viajado con sus padres y su hermano. Los cuatro se habían marchado de Belén porque allí había una gran hambruna, ¡apenas había qué comer!

Unos diez años después de que Rut se casara con su marido, este murió. El cuñado de Rut también murió. Y su suegro también había muerto. Así que, de toda la familia, solo quedaron Rut, su suegra Noemí y su cuñada Orfa. Estaban en una situación terriblemente triste. Seguro que extrañaban a sus esposos, y en aquellos tiempos ser una mujer sin un hombre que la cuidara era realmente complicado. Para una mujer sola era difícil encontrar un buen trabajo, comida suficiente y un lugar seguro donde vivir.

Noemí les dijo a Rut y a Orfa que la dejaran y volvieran a sus antiguos hogares, ya que aún eran jóvenes. Aún podían volver a casarse. Al principio no habían pensado en ello. Querían quedarse con Noemí e ir con ella a su pueblo.

Pero Noemí les dijo: «¿Por qué vienen conmigo? Soy demasiado vieja para tener otro marido».

Orfa decidió finalmente marcharse y se despidió de su suegra con un beso.

Pero Rut no quiso. Se aferró a Noemí, diciéndole: «¡Por favor, no me obligues a dejarte! A donde tú vayas, yo iré. Quiero quedarme donde tú estés. Quiero que tu pueblo sea mi pueblo. Quiero que tu Dios sea mi Dios. No quiero dejarte jamás».

Cuando Noemí vio el amor tan grande y leal que Rut sentía por ella, dejó de presionarla para que se fuera. La anciana y la joven viajaron juntas de vuelta a Belén. Habían oído que Dios había ayudado a su pueblo acabando allí con la hambruna.

En Belén, Dios bendijo a Rut mientras trabajaba en los campos para recoger el grano sobrante. Dios la condujo a los campos de un hombre amable y bueno llamado Booz. Cuando Booz se enteró de la lealtad y el amor de Rut por su suegra, quedó impresionado y la admiró. Protegió y proveyó a Rut y a Noemí y llegó a amar a Rut.

Rut amaba a Noemí con un amor verdadero, que nunca abandonaba, y ese gran amor inspiró bendiciones y *más* amor leal.

(Adaptado del libro de Rut)

EL AMOR CAMBIA EL CORAZÓN
La historia de Zaqueo

Zaqueo era un hombre que vivió en tiempos de Jesús. Recaudaba impuestos en la ciudad de Jericó: era el jefe de los recaudadores, y era muy rico. Los hombres como él tenían fama de ser muy injustos. Hacían trampas y se quedaban con mucho dinero de los demás. Así que la mayoría de los habitantes de Jericó odiaba y evitaba a Zaqueo.

Pero Zaqueo quería acercarse a Jesús. Quería ver a Jesús cuando atravesara Jericó. Aunque Zaqueo no era muy alto y lo tendría difícil para encontrar una buena perspectiva entre la multitud, estaba decidido. Se adelantó corriendo a donde Jesús tenía que pasar, y se subió a un gran árbol, ¡un sicómoro! En lo alto de las ramas, esperó atento al que llamaban Hijo de Dios.

¡Pronto pasó Jesús! Y cuando llegó a aquel sicómoro, se detuvo. Levantó la mirada. Vio a Zaqueo. Entonces lo llamó por su nombre y le dijo: «Baja enseguida. Hoy tengo que ir a tu casa».

Zaqueo estaba totalmente asombrado ¡y muy emocionado! Bajó rápido y contento y recibió a Jesús en su casa.

Mientras tanto, la mayoría de la gente de Jericó estaba escandalizada y se quejaba. ¿Cómo era posible? ¿Por qué iba a ir Jesús *a* la casa de un hombre malo como Zaqueo?

Pero al pasar tiempo con Jesús, Zaqueo se arrepintió de sus pecados. Quería enmendar todos sus errores. Quería ayudar a los pobres. Quería devolver todo el dinero que había defraudado, ¡y cuatro veces más!

Y Jesús le dijo a Zaqueo: «Hoy te ha llegado la salvación». Explicó cómo había venido a buscar y salvar a los que estaban atrapados en el pecado, a los que estaban perdidos, a los que eran como Zaqueo.

Amar a alguien que es amable y bueno no suele ser difícil. Pero amar a alguien que es egoísta e injusto es muy difícil. Pero Jesús amó a Zaqueo y lo salvó de su pecado. Jesús cambió su vida y su corazón. Jesús fue el ejemplo de amor real y perfecto.

(Adaptado de Lucas 19.1-9)

Pascua

Piensa en tus historias y películas favoritas. ¿No sucede que los buenos se encuentran sorpresas? ¿Un giro inesperado y un final que nunca imaginaste? La historia más grande de Dios también es así. La Palabra de Dios cuenta la historia de cómo él creó, amó, guio y salvó a su pueblo, con muchos giros y sorpresas. Y lo mejor de todo es que ¡todo es verdad! Aún mejor: sigue haciéndose realidad. La Biblia está completa, pero la historia de Dios y la tuya aún no han terminado. Dios está obrando a través de su Palabra y su pueblo, guiando y salvando y dando vida eterna a todos los que creen en su Hijo, Jesucristo.

La historia de la Pascua es la parte de la historia de Dios en la que, de forma inesperada, Dios salvó y ofreció la vida eterna a su pueblo a través de Jesús. Lee las historias de este mes ¡y compruébalo tú mismo!

UNA MARAVILLOSA INVITACIÓN
La historia de la Última Cena

Cuando Jesús creció y se hizo hombre, comenzó su ministerio. Escogió a buenos amigos, a los que llamó sus discípulos. Viajaba con ellos, enseñaba y sanaba a la gente. Decía que era el Hijo de Dios y lo demostraba. Cuando su ministerio llegaba a su fin, quiso tener una última comida con sus discípulos, era una comida especial que se celebraba en la época de una fiesta judía llamada Pascua.

Cuando sus amigos le preguntaron: «¿Dónde quieres celebrar la cena de Pascua?». Jesús envió a dos de ellos a la ciudad de Jerusalén con instrucciones concretas. Debían reunirse con un hombre que llevaba un cántaro de agua y que los llevaría a una casa con una gran sala perfecta para su comida.

Los discípulos hicieron lo que Jesús les ordenó, y por la noche se sentaron a comer la cena de Pascua. Durante esta comida, Jesús sorprendió a sus discípulos cuando se levantó de comer, se quitó el manto, se envolvió la cintura con una toalla y se arrodilló para empezar a lavar los pies sucios de cada uno de ellos. En la mente de los discípulos eso era algo que solo debía hacer un sirviente, ¡nunca Jesús, su Maestro y Señor!

Pero Jesús dijo: «Sí, soy su Maestro y Señor, y les enseño con el ejemplo. Yo les he servido, y así deben servirse los unos a los otros. Serán bendecidos si sirven como yo hago».

Y mientras comían juntos en su Última Cena, Jesús enseñó a sus discípulos más sobre lo que iba a sucederle, aunque ellos no lo entendieron del todo. Tomó pan, dio gracias a Dios por él, lo partió en pedazos y lo repartió entre los discípulos. Luego dijo:

«Esto es mi cuerpo, que es entregado por ustedes. Hagan esto para recordarme». También tomó una copa de vino y dio gracias a Dios por ella. Entonces se la dio y bebieron todos de ella. Jesús dijo: «Esta es mi sangre que confirma la promesa entre Dios y su pueblo. Se derrama para que los pecados de muchos puedan ser perdonados».

En la Última Cena, Jesús hizo una invitación a sus amigos presentes y a todos los amigos futuros que creyeran en él. Era una invitación a ser un siervo humilde como él y ser bendecido; y también era una invitación a creer, recordar y recibir que su cuerpo y su sangre tenían que ser partidos y derramados para salvar a la gente de sus pecados.

La invitación de Jesús es la más maravillosa de todos los tiempos.

(Adaptado de Mateo 26.17-30; Marcos 14.12-26; Lucas 22.7-30; Juan 13.1-30)

— LA HISTORIA MÁS GRANDE DE TODOS LOS TIEMPOS —
La historia de la cruz

La historia más grande de todos los tiempos es también la más triste, pero solo al principio, porque Jesús sufrió por cosas que ni siquiera hizo.

Después de que Jesús compartiera la Última Cena con sus discípulos y predijera su muerte y las cosas que pasarían al respecto, todas esas cosas empezaron a cumplirse. Un amigo llamado Judas traicionó a Jesús. Ayudó a los soldados a encontrar y apresar a Jesús a cambio de treinta monedas de plata. Entonces aquellos soldados llevaron a Jesús ante los dirigentes judíos que lo acusaban de distintos crímenes. Desde allí llevaron a Jesús al palacio de Pilato, el gobernador romano. Pilato no creía en Jesús, pero no pensaba que fuera un criminal, y tampoco quería matarlo. Entregó a Jesús para que el pueblo judío lo golpeara. Le escupieron y le pusieron una dolorosa corona de espinas en la cabeza. Se burlaron de él y le golpearon en la cara.

Pilato intentó de nuevo liberar a Jesús, pero el pueblo judío siguió gritando y persuadiendo hasta que Pilato se dio por vencido y cedió. Entonces los soldados condujeron a Jesús a un lugar llamado Gólgota, donde le clavaron las manos y los pies en una cruz y lo levantaron para que sufriera y muriera delante de todo el pueblo que lo estaba mirando.

Otros dos hombres estaban siendo crucificados junto a Jesús. Uno de ellos le dijo cosas malas a Jesús, pero el otro tuvo fe y le dijo: «Acuérdate de mí cuando vengas en tu reino».

Y Jesús respondió: «Te aseguro que hoy estarás conmigo en el paraíso».

A mediodía, cayó la oscuridad sobre la tierra, ¡en pleno día! A las tres, Jesús gritó a

Dios: «¿Por qué me has abandonado?». Unas horas más tarde, Jesús dio otro fuerte grito, exhaló su último aliento y murió.

Jesús fue el único ser humano que vivió una vida perfecta. Él no había hecho nada malo, en absoluto, Solo vivió, amó, enseñó y se preocupó por las personas. Sin embargo, lo maltrataron y asesinaron por cosas que no hizo. Con el poder de Dios, Jesús podría haber detenido todo esto. Pero soportó a propósito el peor tipo de dolor y muerte para así poder salvar a otros de sus malas acciones. Así es como Jesús ama a las personas. Esta es la historia más grande de todos los tiempos, pero la historia no termina aquí... La historia se reanuda con ¡una tumba vacía!

(Adaptado de Mateo 27; Marcos 15; Lucas 23; Juan 19)

UNA TUMBA VACÍA

La historia de la resurrección de Jesús (1ª parte)

Tras la muerte de Jesús, todos sus seguidores estaban muy tristes. Uno de ellos, un hombre rico llamado José de Arimatea, preguntó a Pilato si podía sepultar el cuerpo de Jesús. Pilato dijo que sí. José era un buen hombre que amaba y seguía a Jesús. Envolvió con cuidado el cuerpo de Jesús en una tela de lino y lo colocó en una tumba nueva y vacía en un jardín cerca de donde Jesús había muerto. Luego hizo rodar una gran piedra sobre la puerta de la tumba. Algunos de los amigos de Jesús vieron todo esto y quisieron regresar más tarde para honrar y cuidar el cuerpo de Jesús poniéndole especias y perfumes.

Mientras tanto, los líderes religiosos que odiaban a Jesús estaban preocupados. Recordaban que Jesús había prometido resucitar al tercer día. Así que le dijeron a Pilato: «Ponga soldados en la tumba de Jesús para que la vigilen, y sellen bien la piedra. Así nadie podrá robar el cuerpo de Jesús y mentir diciendo que ha resucitado de entre los muertos».

Muy temprano, el primer día de la semana, algunas mujeres que amaban y seguían a Jesús emprendieron el camino al sepulcro. Habían preparado sus especias y perfumes. Por el camino se preguntaban: «¿Quién hará rodar la piedra tan grande para que podamos cuidar el cuerpo de Jesús?». Sabían que ellas no eran lo suficientemente fuertes.

Pero cuando llegaron al sepulcro, se quedaron asombradas. La tierra tembló fuertemente como un terremoto, ¡y un ángel bajó del cielo! Con su brazo poderoso, el ángel apartó la piedra de la tumba de Jesús y se sentó sobre ella. Brillaba como un relámpago y era blanco como la nieve. Cuando los guardias sintieron el terremoto y vieron al ángel, se aterrorizaron y temblaron, tanto que cayeron al suelo como muertos.

Las mujeres también estaban asustadas, pero el ángel les habló con suavidad. «No teman —les dijo—. Sé que buscan a Jesús, pero no está aquí. Ha resucitado de entre los muertos, tal como prometió. Miren en la tumba y verán que no está. Luego vayan a contarles a sus seguidores que no está muerto: ¡está vivo!».

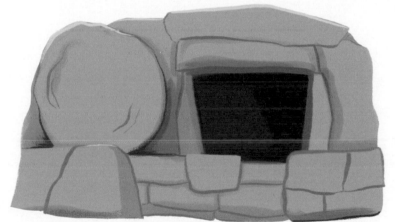

¡Cuán sorprendidas y emocionadas estaban las mujeres! Jesús hablaba en serio cuando dijo que resucitaría de entre los muertos. Su promesa fue verdadera. Las promesas de Dios *siempre* son verdaderas.

(Adaptado de Mateo 27-28; Marcos 15-16; Lucas 23-24; Juan 19-20)

La historia de la resurrección de Jesús (2ª parte)

Las mujeres se fueron enseguida de la tumba vacía de Jesús para hacer lo que les había dicho el ángel. Tenían miedo, pero estaban gozosas y emocionadas por compartir la increíble noticia de que Jesús estaba vivo. Creyeron al ángel y además habían visto que el cuerpo muerto de Jesús no estaba en el sepulcro. De repente, Jesús se encontró con ellas en el camino para que pudieran verlo cara a cara. «Hola», las saludó, ¡y no te imaginas lo contentas que se pusieron! Se inclinaron para tocar sus pies y adorarle.

Jesús dijo: «Vayan y digan a mis seguidores que vayan a Galilea. Allí me verán».

Mientras tanto, algunos de los soldados que habían estado vigilando en la tumba informaron a los líderes religiosos que odiaban a Jesús de todo lo que habían visto. Los líderes religiosos ofrecieron a los soldados mucho dinero para que mintieran. Les dijeron: «Digan a todo el mundo que los seguidores de Jesús vinieron y robaron su cuerpo». Los soldados tomaron el dinero y difundieron las mentiras, y por eso mucha gente aún hoy no cree que Jesús resucitó de entre los muertos.

Pero no importaba quién creyera las mentiras, la verdad seguía siendo que Jesús estaba vivo. Durante los siguientes cuarenta días, Jesús se apareció a más personas y habló con ellas, demostrando que había resucitado de entre los muertos. Les dijo a sus seguidores que fueran y compartieran la buena noticia de que él iba a salvar a la gente de su pecado y a dar la vida eterna a todos los que confiaran en él.

Una noche, los seguidores de Jesús estaban reunidos con todas las puertas cerradas, y Jesús llegó milagrosamente y se puso en medio de ellos. Les enseñó las cicatrices de los clavos en sus manos y su costado atravesado por una lanza. Sus seguidores estaban muy contentos. Uno de ellos, Tomás, no estaba allí esa noche, y más tarde dijo que nunca creería hasta que viera las cicatrices en las manos y el costado de Jesús. No mucho después, Jesús se acercó a Tomás y le dijo: «Pon tu dedo en mis manos. Pon tu mano en mi costado. No dudes más y cree». Entonces Tomás creyó, y Jesús le dijo: «Tomás, porque me has visto, crees. Felices los que nunca me han visto y aun así creen».

La Biblia dice que Jesús hizo muchas otras obras poderosas delante de sus seguidores. No aparecen en la Biblia. Pero las que sí aparecen están ahí para que creas que Jesús es el Cristo, el Hijo de Dios. Cuando pones tu confianza en él, tienes una vida que dura para siempre, por medio de su nombre.

Esta es la historia más grande de todos los tiempos, la historia más verdadera de todos los tiempos, ¡la historia más importante de todos los tiempos!

(Adaptado de Mateo 28, Marcos 16, Lucas 24, Juan 20)

ABRIL

Primavera

Si alguna vez has plantado un jardín, sabrás que un jardín bueno y saludable se transforma y crece. Se depositan diminutas semillas en la tierra blanda y se cubren y calientan. Entonces comienza un milagro, un milagro que solo el único y verdadero Dios creador puede hacer. Las semillas se abren y comienza una nueva vida, saliendo del suelo hacia la luz del sol, floreciendo y produciendo cosas buenas: flores, fresas, patatas, zanahorias, frijoles...

Si la semilla se quedara en el suelo sin más, ¡qué triste! Nadie vería jamás lo que era capaz de producir, en qué hermosa flor o árbol o sabrosa fruta o verdura se convertiría.

Igual que las semillas, para ser buenos y sanos y producir lo que estamos destinados a producir, todos tenemos que crecer y florecer, sobre todo en la fe y la amistad con nuestro Dios Creador y Salvador Jesucristo.

La Biblia está llena de ejemplos de personas reales que crecieron y florecieron en su fe, y aunque vivieron hace mucho tiempo, sus historias pueden inspirarnos ahora mismo a ser como ellos, sea cual sea nuestra edad. Lee las historias de este mes ¡y compruébalo tú mismo!

UNA ÉPICA CONFIANZA EN DIOS
La historia de Gedeón

En la época bíblica de los jueces, el pueblo de Dios de Israel pasó siete años bajo el poder de la nación de Madián. Dios permitió esto porque Israel se había alejado de él. Madián era mucho más fuerte que Israel, y Madián fue muy cruel con Israel. Los madianitas robaban y destruían los alimentos y los animales de los israelitas siempre que podían. Así que Israel se empobreció y debilitó mucho, y clamaron a Dios por ayuda.

Dios envió un ángel para recordarle al pueblo de Israel que, aunque Dios había hecho tanto por ellos en el pasado, ellos le habían desobedecido y adoraron a otros dioses.

El ángel del Señor se le apareció a un israelita llamado Gedeón mientras trabajaba para mantener los alimentos escondidos de los madianitas.

El ángel le dijo a Gedeón: «¡El Señor está contigo, valiente héroe!».

Gedeón replicó: «Entonces, ¿por qué nos ha sucedido todo esto? El Señor nos ha dejado solos y nos ha dejado bajo el poder de los madianitas».

Y el Señor dijo: *«Tú eres fuerte y puedes rescatar a Israel de los madianitas. Yo te envío».*

Gedeón no podía creerlo. «¿Cómo puedo yo rescatar a Israel? —dijo—. Yo no soy nadie. Mi familia es la menos importante de nuestra tribu, y yo soy el más pequeño de mi familia».

Pero el Señor dijo: *«Yo estaré contigo y destruirás a Madián».*

Gedeón aún no estaba muy seguro de todo esto, y le pidió al Señor una prueba de que era realmente él quien hablaba. Gedeón trajo pan y carne y lo puso sobre una roca, y el ángel del Señor lo tocó con la punta de su bastón. Entonces el fuego quemó todo el pan y la carne y el ángel desapareció, y Gedeón supo que el ángel sí venía de Dios.

Dos veces más, Gedeón obedeció a Dios, pero le pidió que le diera pruebas de que realmente era él. Gedeón puso en el suelo un vellón de lana y le pidió a Dios que a la mañana siguiente lo mojara con el rocío, pero que dejara seco el resto del suelo. Y Dios lo hizo. Luego Gedeón volvió a dejar un vellón de lana y le pidió a Dios que a la mañana siguiente lo dejara seco y todo el suelo alrededor estuviera mojado. Y Dios lo hizo.

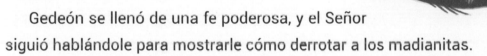

Gedeón se llenó de una fe poderosa, y el Señor siguió hablándole para mostrarle cómo derrotar a los madianitas.

Gedeón comenzó con un ejército de treinta y dos mil hombres, pero veintidós mil se fueron. Estaban demasiado asustados para luchar. Entonces Dios le dijo a Gedeón que solo quería trescientos hombres para luchar contra los poderosos madianitas, así se vería que todo el poder procedía únicamente de Dios. Así, con el poder de Dios, Gedeón y el ejército de solo trescientos hombres rescataron a Israel del poder de Madián.

Gedeón no era más que un hombre normal que hacía cosas normales, al principio. Pero al confiar en Dios y crecer en la fe, Gedeón llegó a hacer cosas *extraordinarias*.

(Adaptado de Jueces 6-8)

PARA UN MOMENTO COMO ESTE
La historia de Ester

Un día, hace mucho tiempo, en Persia, un rey llamado Jerjes decidió organizar un gran banquete. Al rey Jerjes le encantaba presumir de lo rico y espléndido que era. Ordenó a su esposa, la reina Vasti, que se presentara en su fiesta para que todos la vieran. Pero ella no quiso, así que no fue, y eso enfureció muchísimo al rey Jerjes. Estaba tan furioso que dictó un decreto real para que la reina Vasti no pudiera estar cerca de él nunca más y para buscar otra reina en su lugar.

Cuando el rey Jerjes comenzó a buscar una nueva reina, sus sirvientes reunieron a muchas mujeres bellas de todas partes de su país. De entre todas ellas, una llamada Ester era la más bella y amable, y fue la que más le gustó al rey. Así que eligió a Ester como reina en lugar de Vasti.

Ester era judía, pero lo había mantenido en secreto. Sus padres habían muerto, y la crio su primo llamado Mardoqueo, que la cuidó muy bien y veló por ella. No quería que nadie la maltratara por ser judía.

Mientras tanto, un hombre llamado Amán recibió una alta posición entre los dirigentes del rey Jerjes. Amán no era bueno, y quería que toda la gente se inclinara y lo honrara. Mardoqueo se negó a inclinarse ante nadie más que ante Dios. Por eso Amán se llenó de odio hacia el pueblo judío y convenció al rey Jerjes para que dictara un decreto para que los mataran a todos.

Mardoqueo avisó a Ester de lo que ocurría. Le dijo que fuera a ver al rey y le pidiera clemencia para el pueblo judío.

Pero Ester dijo: «Si voy a ver al rey sin que me invite, me matarán. La única excepción es si el rey extiende su cetro y me perdona la vida». Y Mardoqueo dijo: «Si callas, la ayuda vendrá a los judíos por otro camino, pero tú y la familia de tu padre morirán. Así que quién sabe, ¡quizás has llegado a reina para ayudar precisamente en un momento como este!».

Entonces Ester pidió a Mardoqueo que reuniera a todos los judíos para ayunar y orar por ella. Tres días después, Ester fue a ver al rey. No la rechazó, sino que le tendió su cetro y la recibió. Se le perdonó la vida y pronto pudo demostrarle al rey lo malvado que era Amán. Finalmente, Amán fue ejecutado y el rey Jerjes detuvo el decreto de matar a todo el pueblo judío. Aún mejor, decretó que el pueblo judío pudiera protegerse y luchar contra cualquiera de sus enemigos.

Gracias a que Ester creció en fe y valentía, Dios obró a través de ella para salvar a todo su pueblo.

(Adaptado del libro de Ester)

UN GRAN SACRIFICIO
La historia de Abraham e Isaac

Abraham fue un hombre que fue llamado amigo de Dios. Él y su esposa, Sara, se quedaron de piedra cuando Dios les prometió que tendrían un hijo. Pensaban que eran demasiado mayores para tener hijos. Pero las promesas de Dios siempre son verdad, y su hijo, Isaac, nació cuando Abraham tenía cien años y Sara noventa. El nombre de Isaac significaba «risa» porque Sara se había reído, por incredulidad, cuando Dios le dijo que tendría un hijo en su vejez. Pero Dios le había respondido: «*¿Acaso hay algo demasiado difícil para el Señor?*».

Algunos años más tarde, Dios tenía una prueba para Abraham. Le pidió a Abraham que demostrara su amor y obediencia a Dios ofreciendo a su hijo Isaac en sacrificio.

Pese a lo duro que era, Abraham decidió obedecer. Confiaba en las promesas de Dios. Tomó a dos criados y a Isaac, y fueron juntos a cortar leña para el fuego de su ofrenda. Luego partieron hacia la montaña donde Dios le había indicado a Abraham que ofreciera el sacrificio. Al tercer día de viaje, Abraham dijo a sus sirvientes que se quedaran atrás mientras él e Isaac seguían adelante juntos. En el camino, Isaac le dijo a su padre: «Tenemos la leña y el fuego, pero ¿dónde está el cordero para la ofrenda?».

Abraham respondió: «Dios proveerá el cordero».

Cuando llegaron al lugar adecuado, Abraham construyó un altar y puso la leña encima. Luego ató a Isaac y lo puso sobre el altar. En el último momento, el ángel del Señor detuvo a Abraham, diciéndole: «No le hagas daño. Ahora veo que realmente respetas a Dios, porque estuviste dispuesto a entregar a tu único hijo».

Abraham miró entre los arbustos y vio un carnero atrapado por los cuernos. ¡Ahí estaba el sacrificio para ofrecer en lugar de Isaac! Y así Abraham llamó al lugar «El Señor Proveerá».

Entonces el ángel del Señor le dijo a Abraham: «No me has negado a tu único hijo. Por eso te bendeciré a ti y a tu descendencia y haré que sean tan numerosos como las estrellas del cielo y la arena de las playas A través de tus hijos todas las naciones de la tierra serán bendecidas, porque me has obedecido».

Abraham creció durante esta difícil prueba. Aumentaron su confianza y su fe porque amaba a Dios y había visto que Dios se mostró como el proveedor perfecto. Abraham era verdaderamente un «amigo de Dios».

(Adaptado de Génesis 17.1-18.15; 22.1-18; Hebreos 11.17-19)

UNA COSA ES NECESARIA
La historia de María y Marta

En uno de los muchos viajes de Jesús, se detuvo en una pequeña aldea llamada Betania, en una ladera del monte de los Olivos. Una mujer llamada Marta recibió a Jesús en su casa. Estaba emocionada y tenía muchas cosas que hacer para prepararse para su invitado especial. Quería que Jesús se sintiera cómodo y que tuviera un lugar agradable para descansar y relajarse. Tampoco podía faltar una deliciosa comida.

A Marta se le daba muy bien recibir invitados y conocía todos los detalles de la planificación y preparación de una visita. En realidad, conocía demasiado bien esos detalles, porque pronto empezaron a distraerla de la importancia y la bendición de tener a tan maravilloso invitado.

La hermana de Marta, llamada María, también estaba en casa de Marta en el momento de la visita de Jesús. María no ayudó a Marta en las tareas de anfitriona. Ella eligió simplemente sentarse a los pies de Jesús y escuchar todo lo que él tenía que decir. Esto enojó a Marta. Le molestó tanto que le dijo a Jesús: «Señor, ¿no ves que estoy haciendo todo el trabajo aquí yo sola? ¿No ves que mi hermana está sentada sin hacer nada? ¿Es que no te importa? ¡Dile que me ayude!».

Jesús amaba a ambas hermanas y quería que Marta aprendiera y creciera con el ejemplo de María. Le respondió: «Marta, Marta, estás atareada con muchas cosas, pero solo hay una que es necesaria. María ha elegido esa cosa. Ella ha elegido lo que es mejor, y nadie se lo quitará».

¿Cuál es esa única cosa necesaria? Se preguntó Marta. *¿Qué ha elegido mi hermana*

que es mejor? Y entonces Marta comprendió. Simplemente estar con Jesús y escucharlo era mucho mejor que trabajar con ansia para servirle. La agitación de Marta había desviado su atención de donde tenía que estar: fija en Jesús. Pero no se iba a repetir. Recordaría el ejemplo de María. Recordaría que debía servir a Jesús con amor y sabiduría sin dejarse atrapar por los detalles. Se acordaría de relajarse y disfrutar simplemente pasando tiempo con Jesús. Y sabía que al recordar estas cosas, crecería en su fe y en su relación con el Salvador.

(Adaptado de Lucas 10.38-42)

MAYO

Celebración de las madres

Solo una madre puede tener dos corazones latiendo a la vez. ¿No es increíble? (O quizá más de dos si está embarazada de gemelos o trillizos... o más. ¡Guau!). Solo una madre puede ser la persona única que es y, sin embargo, llevar también en su vientre a una persona totalmente única y nueva. ¡Increíble! Dios hizo que las madres fueran superespeciales. Desde el primer segundo de vida, una madre cuida de sus hijos, a los que alberga con seguridad en su vientre, creciendo y transformándose hasta el día en que están listos para nacer. Y luego una buena madre sigue ocupándose de las necesidades de sus hijos cuando son recién nacidos, bebés y así sucesivamente hasta que son todos mayores. En realidad, nunca deja de cuidar de ellos por muy mayores que sean. Qué bendición son las buenas madres. No importa qué día o mes sea, abraza fuerte a la tuya —o a alguien que sea como una madre para ti— y siempre que puedas dale las gracias por todo lo que hace por ti. Sobre todo en el mes de mayo, cuando tenemos el Día de la Madre, debemos apreciar, honrar y celebrar a las buenas madres de nuestras vidas.

La Biblia nos bendice con ejemplos maravillosos de buenas madres que amaron bien a sus hijos. Podemos aprender de sus vidas y apreciarlas, honrarlas y celebrarlas también. Lee las historias de este mes ¡y compruébalo tú mismo!

UNA ORACIÓN PERSISTENTE
La historia de Ana

Una mujer de la Biblia llamada Ana deseaba desesperadamente ser madre, pero no tenía hijos. No tener hijos le rompía el corazón. Cada año viajaba con su marido a un lugar llamado Silo durante un tiempo especial de fiesta y celebración para adorar a Dios y llevarle ofrendas. Y cada año Ana lloraba y oraba, pidiendo a Dios que la bendijera con un hijo. A veces sentía que Dios se había olvidado de ella o que no le importaba su tristeza. Pero aun así Ana siguió orando. Ella le prometió a Dios: «Oh, poderoso Señor, si me das un hijo, te lo entregaré a ti para toda su vida».

Un líder religioso llamado Elí estaba sentado cerca del templo del Señor. Observó a Ana orando y se preguntó qué le pasaba.

Ana le dijo: «Estoy muy triste y por eso clamo a Dios».

Elí le dijo: «Vete en paz, y que el Dios de Israel te dé lo que has pedido».

Enseguida, Ana se sintió mucho mejor. Ya no sentía tan roto su corazón. Volvió a casa con su marido, ¡y pronto tuvo un niño! Le puso el nombre de Samuel, diciendo: «Se lo pedí al Señor».

Ana amaba entrañablemente y cuidaba al bebé Samuel, pero nunca olvidó sus oraciones y lo que le prometió a Dios. Cuando el pequeño tuvo edad suficiente para comer solo, Ana regresó a Silo al templo donde había conocido a Elí. Allí le dijo a Elí: «Pedí un hijo y Dios me lo dio. Así que ahora se lo entrego a Dios para toda su vida». Ana quería decir que dejaba a Samuel en el templo para que creciera y fuera allí un siervo de Dios bajo el cuidado de Elí.

Cada año, Ana volvía al templo para visitar a Samuel. Y Dios bendijo a Ana con tres hijos más y dos hijas. Fue recompensada ampliamente por ser fiel al Señor.

Una noche, cuando Samuel era aún muy pequeño, se despertó al oír que alguien lo llamaba por su nombre. Pensó que era Elí y fue a decirle: «Aquí estoy».

Elí dijo: «No te he llamado. Vuelve a dormir».

Pero entonces volvió a ocurrir. Y otra vez.

Al final Elí dijo: «No soy yo quien te llama. Debe de ser el Señor». Ordenó a Samuel que volviera a acostarse y, si volvía a oír la voz de Dios, le dijera: «Háblame. Tu siervo escucha».

Y el Señor volvió a llamar a Samuel, y Samuel escuchó. Samuel siguió escuchando y llegó a ser un líder y portavoz muy importante para Dios. Fue una bendición para todo el pueblo de Israel, gracias a que Ana fue una madre maravillosa que confió en Dios y cumplió la promesa que le hizo sobre su hijo.

(Adaptado de 1 Samuel 1-3)

UN BEBÉ EN UNA CANASTA
La historia de Jocabed

Cuando el pueblo de Dios, los israelitas, vivía en Egipto, un rey llamado Faraón decidió que eran demasiado numerosos. Temía que los israelitas se unieran para arrebatarle su poder. Así que los esclavizó a todos y se aseguró de que los trataran con crueldad. El faraón incluso ordenó que mataran a todo hijo varón recién nacido de una israelita. Pero las comadronas, las mujeres que ayudaban a las madres en el parto, temían a Dios y ocultamente se negaron a matar a los bebés. Inventaron historias para Faraón y siguieron protegiendo a los bebés, y Dios las bendijo por su amor y su valentía.

Pero entonces Faraón dijo: «¡Todo bebé israelita que nazca varón debe ser arrojado al río Nilo!».

Jocabed fue una de las mujeres israelitas que dio a luz a un niño durante el cruel reinado de Faraón. Amó y cuidó a su hijo y lo mantuvo a salvo por tres meses. Pero a medida que crecía, se hizo demasiado grande para ocultarlo. Temía que lo arrojaran al Nilo para matarlo. Así que ideó un plan. Jocabed cubrió de alquitrán y brea una canasta. Esos materiales harían que la canasta flotara. Luego metió con cuidado a su bebé en la canasta y la colocó entre los juncos, cerca de la orilla del río Nilo. Sabía que la hija del faraón venía a menudo a bañarse allí. Jocabed pidió a su hija, Miriam, que vigilara al bebé y viera lo que ocurría.

Pronto, la princesa vio la canasta y miró en su interior. Encontró al pobre bebé llorando y sintió compasión por él. Se dio cuenta de que el pequeño era uno de los bebés a los que su padre había ordenado matar.

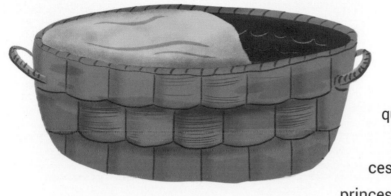

Entonces Miriam se acercó a la princesa y le preguntó: «¿Quieres que busque una madre que pueda alimentarlo por ti?».

Y la princesa dijo que sí. Entonces Miriam llevó a Jocabed ante la princesa.

La princesa le dijo: «Te pagaré para que cuides de él por mí hasta que pueda comer solo». ¡No tenía ni idea de que estaba hablando con la verdadera madre del bebé! Pero Dios sí lo sabía.

Jocabed aceptó encantada. Había escondido y protegido a su hijo de la muerte, y ahora podía tenerlo y cuidarlo un tiempo más.

Cuando el bebé creció lo suficiente, Jocabed se lo devolvió a la hija de Faraón. La princesa lo llamó Moisés, diciendo: «Yo lo saqué del agua».

A Jocabed debió de dolerle el corazón al renunciar a su hijo, pero más importante que su corazón era proteger a su hijo. Gracias al valor de su madre, la vida de Moisés se libró de los malvados planes de Faraón, y Moisés creció hasta convertirse en uno de los líderes más importantes de todos los tiempos.

(Adaptado de Éxodo 2.1-10)

MATERNIDAD INESPERADA
La historia de Elisabet

Elisabet era esposa de un sacerdote, un líder religioso judío llamado Zacarías. Vivieron en la época del rey Herodes en Judea. Zacarías y Elisabet amaban a Dios con todo su corazón y hacían todo lo posible por obedecerle en todo. Pero no habían sido bendecidos con hijos y ambos se estaban haciendo mayores.

Un día, Zacarías fue al templo del Señor a quemar incienso para Dios. De repente se le apareció un ángel del Señor. Zacarías estaba sorprendido y asustado.

Pero el ángel le dijo: «No temas, Zacarías. Dios ha escuchado tu oración y tu esposa va a darte un hijo. Llámenlo Juan. Él los llenará de alegría, y no solo a ustedes, sino que muchos más se gozarán gracias a él. Porque será grande a los ojos de Dios. No beberá vino y será lleno del Espíritu Santo en el momento en que nazca. Gracias a él, muchos israelitas volverán a seguir al Señor su Dios. Ayudará al pueblo a obedecer a Dios y a estar preparado para él».

¡Qué hijo tan especial! Zacarías apenas podía creerlo. Preguntó: «¿Cómo es posible? Mi esposa y yo somos demasiado mayores para tener hijos».

El ángel dijo: «Yo soy Gabriel. Estoy delante de la presencia de Dios y he sido enviado para darles esta buena noticia. Ahora no podrás hablar hasta que nazca tu hijo, porque no creíste en mis palabras, que se harán realidad en el momento adecuado».

Zacarías salió del templo y la gente se preguntaba por qué no podía hablar. Siguió haciendo gestos con las manos y la gente se dio cuenta de que debía de haber tenido una visión en el templo.

Pronto, su esposa Elisabet se quedó embarazada, tal y como Gabriel había prometido. Estaba asombrada y feliz y dijo: «El Señor ha hecho esto por mí».

Cuando Elisabet estaba embarazada de seis meses, el mismo ángel Gabriel fue a decirle a otra madre, María, que también tendría un niño muy especial, el más especial de todos: ¡Jesús! Elisabet y María eran primas, así que Juan y Jesús también lo eran. María fue a ver a Elisabet poco después

de que Gabriel la visitara, y en el momento en que Elisabet oyó la voz de María, ¡el bebé Juan, que estaba en su vientre, saltó de alegría! Elisabet fue llena del Espíritu Santo y le dijo a María: «Bendita tú eres entre todas las mujeres, y bendito es el niño que llevas en tu vientre. Bienaventuradas las mujeres que creen que sucederá lo que el Señor ha dicho».

Madres bellas y fieles como Elisabet y María creen en Dios para lo que parece imposible, y al hacerlo son grandemente bendecidas.

(Adaptado de Lucas 1)

UNA SUEGRA CARIÑOSA
La historia de Noemí

Cuando sus hijos crecen y se casan, las madres adquieren nuevos hijos. Noemí tenía una nuera llamada Rut. Y Rut era todo lo que le quedaba porque su marido y sus dos hijos habían muerto, y su otra nuera había vuelto con su familia. Pero Rut amaba tanto a Noemí que estaba decidida a quedarse con ella, incluso cuando hubiera sido más seguro para ella volver a casa con su gente para intentar casarse de nuevo. Rut le dijo a su suegra: «Quiero ir adonde tú vayas. Quiero estar donde tú estés. Quiero que tu pueblo sea mi pueblo. Quiero que tu Dios sea mi Dios. No quiero dejarte mientras viva».

Y así Noemí compartió su vida con su nuera. Y, lo más importante, compartió su fe en Dios. Después de haber viajado juntas desde Moab hasta Belén, Dios condujo a Rut a los campos de un hombre amable y bueno llamado Booz. Cuando Booz se enteró de la lealtad y el amor de Rut por su suegra, la admiró mucho. Él protegió a Rut y a Noemí y proveyó para ellas al permitir que Rut recogiera alimentos tranquila en sus campos. Rut volvía a casa de su trabajo cada día y le contaba a su suegra lo que había pasado durante el día. Con el tiempo, Noemí aconsejó a Rut que fuera a ver a Booz según la costumbre y la ley israelitas para demostrarle que quería que él fuera su pariente redentor, su pariente que cuidara de ella.

Booz era un hombre muy íntegro; quería hacer todo de la manera correcta y honrada según las costumbres y leyes de su pueblo. Así que una vez que se aseguró de que no había problema en tomar a Rut como esposa, se casó con ella para cuidarla y compartir plenamente la vida con ella.

La fe de Noemí y Rut en Dios, su deseo de hacer el bien y su profundo vínculo las bendijeron más allá de lo que habían imaginado. Al poco tiempo, Rut y Booz tuvieron un hijo, un niño llamado Obed. Y Noemí paso en un momento de ser una amada suegra a ser también una amada abuela.

(Adaptado del libro de Rut)

Celebración de los padres

Dios dio a los hombres una fuerza y unas capacidades superespeciales para ser grandes padres. El mejor tipo de padre es el que quiere ser como nuestro Padre celestial. Los padres terrenales no pueden ser perfectos como nuestro Padre Dios, pero pueden esforzarse por estar llenos de su amor, su bondad y su sabiduría. Pueden proteger a sus hijos y proveer para ellos, como Dios hace con los suyos. Pueden enseñar y compartir todo lo que saben y guiar a sus hijos en las cosas buenas. ¡Pueden dar los mejores paseos a hombros y tener también los abrazos de oso más grandes!

¡Qué bendición es un buen padre! No importa el día ni el mes que sea, abraza con fuerza al tuyo —o a alguien que sea como un padre para ti— y siempre que puedas dale las gracias por todo lo que hace por ti. Y sobre todo durante el mes de junio, cuando tenemos la festividad del Día del Padre, debemos apreciar, honrar y celebrar a los buenos padres de nuestras vidas.

La Biblia nos bendice con ejemplos maravillosos de buenos padres que amaron a sus hijos. Podemos aprender de sus vidas y apreciarlas, honrarlas y celebrarlas también. Lee las historias de este mes ¡y compruébalo tú mismo!

EL PADRE TERRENAL DE JESÚS
La historia de José

José nunca pensó que fuera especial. Era un hombre humilde que vivía en un pueblo llamado Nazaret. Trabajaba como carpintero y esperaba casarse con una joven encantadora llamada María. Seguro que no esperaba ser padre tan pronto...

José y María solo estaban comprometidos cuando ella fue a verlo y le dijo que estaba embarazada por obra del Espíritu Santo. ¿Qué significaba eso? ¡José nunca había oído hablar de algo así! Al principio estaría disgustado. Mucho. Seguramente rompería con María. Sin embargo, no dejó de preocuparse por ella. José era un hombre íntegro. Quería obedecer a Dios y hacer lo correcto. Así que elaboró un plan para romper con María discretamente y no humillarla delante de la gente.

Pero entonces un ángel del Señor se le apareció en sueños y le dijo: «José, todo está bien. No tengas miedo de tomar a María por esposa. El bebé que crece en su interior procede realmente de Dios. Ella lo dará a luz, y debes ponerle el nombre Jesús porque él salvará a su pueblo de sus pecados».

Cuando José despertó, obedeció lo que le había dicho el ángel del Señor. Se casó con María y la cuidó y honró. Cuando faltaba poco para que María tuviera a su bebé, el emperador de Roma decretó que José y María debían viajar a Belén para inscribirse en un censo. ¡Qué fastidio para una joven mamá a punto de dar a luz! Peor aún: cuando llegaron a Belén no encontraron un lugar donde alojarse. Sin embargo, José mantuvo la calma y se dejó guiar por Dios, y Dios utilizó todos estos detalles para cumplir sus promesas. José ayudó en la protección y cuidado de María hasta que llegó el momento en

que nació Jesús. Y siguió protegiendo a su esposa y proveyendo para ella y su hijo
siguiendo la guía de Dios,
incluso huyendo a Egipto
con ellos cuando el malvado rey Herodes quiso hacer
que mataran al pequeño
Jesús.

Tras la muerte de Hero-
des, un ángel del Señor volvió a
José en sueños para decirle: «Vuelve
a Israel. Ahora es seguro. Los que querían matar a Jesús están muertos».

Así que José obedeció y regresó a Nazaret, tal como Dios había planeado para Jesús
y había dirigido a través de los sueños de José.

Al principio, disgustado y confuso, José podría haber optado por no hacer caso al
ángel que le dijo que tomara a María por esposa. José podría haber seguido el camino
fácil. Pero José era un buen hombre que sin esperarlo se convirtió en un hombre aún
mejor como padre terrenal, porque escuchó con amor al Padre celestial.

(Adaptado de Mateo 1-2)

EL PADRE DEL PREDICADOR DEL DESIERTO
La historia de Zacarías

Cuando un ángel del Señor le dijo al sacerdote judío Zacarías que su esposa iba a tener un hijo, no dio crédito a lo que oía. Zacarías preguntó: «¿Cómo es posible? Mi esposa y yo somos demasiado viejos para tener hijos».

No fue buena idea que Zacarías no creyera el mensaje de Dios. El ángel le dijo: «Yo soy Gabriel. Estoy delante de la presencia de Dios y he sido enviado para darte esta buena noticia. Ahora no podrás hablar hasta que nazca tu hijo, porque no creíste en mis palabras, que se harán realidad en el momento adecuado».

Y, tal como el ángel dijo, de repente Zacarías se quedó mudo. Salió del templo y la gente se preguntaba qué le pasaba. ¿Por qué se había demorado tanto? ¿Por qué no podía hablar? Zacarías seguía haciendo gestos con las manos, y la gente se dio cuenta de que había visto algo especial en el templo.

Zacarías volvió a casa en silencio, y luego Elisabet quedó embarazada. Cuando llegó el momento de tener a su bebé, dio a luz a un hijo. Toda la familia y los amigos pensaban que el bebé se llamaría como su padre, pero Elisabet dijo: «¡No! Tiene que llamarse Juan». Esto fue una sorpresa porque los nombres eran muy importantes. Los presentes intentaron hablar con Zacarías. ¡Seguro que no estaría de acuerdo con el nombre que había elegido Elisabet!

Zacarías, que aún no podía hablar, pidió una tablilla para escribir. Todos se sorprendieron cuando escribió:

Se llamará Juan.

Y en ese momento de obediencia a Dios, recuperó de repente la voz. Comenzó a hablar, ¡alabando a Dios!

La gente de toda la zona oyó hablar de este milagro y, maravillada, se preguntaba qué niño tan especial debía de ser Juan, el hijo de Zacarías y Elisabet. En efecto, era extraordinario.

Zacarías fue lleno del Espíritu Santo y le dijo a su hijo: «Serás llamado profeta de Dios, el Altísimo. Irás delante del Señor para preparar su camino, para hablar al pueblo de la salvación por el perdón de los pecados».

El joven Juan creció y se fortaleció y se fue a vivir al desierto. Entonces, un día, Dios lo llamó del desierto para que empezara a predicar sobre Jesús y a preparar el camino para Jesús.

(Adaptado de Lucas 1)

PADRE DE GEMELOS
La historia de Isaac

Isaac era el hijo que tuvieron Abraham y Sara. Su nombre significaba «risa». Cuando Isaac se hizo mayor, se casó con Rebeca, y la amó mucho. Cuando él tenía sesenta años, Rebeca dio a luz a dos niños. El primero en nacer estaba todo rojo y cubierto de pelo por todo el cuerpo. Sus padres dijeron: «Lo llamaremos Esaú». El segundo bebé estaba aferrado al talón de Esaú mientras nacía. Sus padres dijeron: «Lo llamaremos Jacob». E Isaac estaba orgulloso de ser padre de gemelos.

Los gemelos crecieron y eran muy diferentes entre sí. Esaú era un buen cazador y le encantaba estar al aire libre. Jacob era más tranquilo y prefería quedarse en casa. El hijo favorito de Isaac era Esaú, y el hijo favorito de Rebeca era Jacob. Un día, Jacob estaba en casa cocinando un guisado y Esaú llegó de cazar. «¡Me muero de hambre! —dijo—. Jacob, dame un poco de ese guisado que estás haciendo».

Y Jacob decidió tenderle una trampa. Dijo: «Si quieres mi guisado, tienes que darme tu primogenitura. Quiero todos tus derechos de hijo primogénito».

Esaú estaba tan hambriento que no le importaron lo más mínimo sus derechos de primogénito. Solo quería comer. Así que le prometió cederle sus derechos a Jacob, el hijo menor. Esaú no pensó que fuera importante. Luego comió un poco de guisado y pan, se levantó y se fue.

Años más tarde, cuando Isaac era tan viejo que ya casi no podía ver, llamó a Esaú. Le dijo: «Esaú, soy viejo y no sé cuánto tiempo me queda de vida. Ve a cazar algo para mí y cocíname la comida sabrosa que me gusta. Tráemela para comer y te daré mi bendición antes de morir».

Rebeca seguía teniendo su favorito. Ella escuchó todo esto, pero quería que la bendición de Isaac fuera para Jacob. Mientras Esaú estaba fuera, fue a ver a Jacob para urdir un plan rápido para engañar a Isaac. Le dijo a Jacob: «Ve a buscar dos cabritos y yo cocinaré la comida que le gusta a tu padre. Vístete con la ropa de tu hermano y cúbrete la piel con pelo de cabra. Así, como tu padre no ve, creerá que eres Esaú».

Entonces Jacob hizo lo que su madre le dijo, y juntos engañaron a Isaac. Le dio la bendición del hijo primogénito a Jacob en lugar de a Esaú. Cuando Isaac descubrió lo que había pasado, se enojó por haber sido engañado.

Isaac y Rebeca amaban mucho a sus hijos gemelos, pero el favoritismo y el engaño causaron grandes problemas en su familia. Aun así, por medio de la fidelidad de Isaac y su familia, Dios estaba llevando a cabo sus planes para su pueblo.

(Adaptado de Génesis 25.19-34; 27.1-40)

UNA SÚPLICA POR LA CURACIÓN DE UN HIJO
La historia del noble

En el tiempo en que Jesús viajaba para su ministerio fue de nuevo a Caná de Galilea. Era el lugar donde había hecho su primer milagro: convertir el agua en vino. Mientras Jesús estaba allí, un hombre de la ciudad de Cafarnaúm vino a verlo. Este hombre era un noble, un funcionario que trabajaba para el rey, y tenía autoridad legal sobre Jesús. Pero había oído hablar mucho de Jesús y le respetaba. El noble se acercó a Jesús y le dijo: «¡Señor, por favor, ven a ver a mi hijo! Está enfermo. Te ruego que lo sanes. Por favor, *por favor,* ven a verlo antes de que muera».

Jesús le dijo: «Puedes irte. Tu hijo vivirá».

¡Pero eso no era exactamente lo que el noble quería oír! Creía que Jesús tenía que estar junto a su hijo para curarlo. El noble le había rogado a Jesús que fuera a Cafarnaúm, donde su hijo estaba en cama. Con su autoridad, el noble podría haber ordenado a Jesús que lo hiciera. Así que tuvo que decidir: ¿Debía confiar en que Jesús podía sanar simplemente diciendo esas palabras a distancia? Sí, concluyó el noble. Creía que Jesús tenía el poder de curar milagrosamente y confiaba en que lo haría. Le tomó la palabra a Jesús y se marchó de Caná.

El noble regresó a su casa en Cafarnaúm, a unos veinte kilómetros de distancia. Estaba nervioso y deseoso de volver con su hijo. Mientras iba de camino, algunos de sus sirvientes se encontraron con él.

«¡Su hijo! —gritaron—. ¡Está vivo!».

¡El noble se llenó de alegría y alivio! Luego preguntó: «¿A qué hora mejoró?».

Los criados dijeron: «La fiebre le abandonó ayer a la séptima hora».

¡Ajá! El padre se dio cuenta de que era el momento *exacto* en que Jesús le había dicho: «Tu hijo vivirá».

A partir de entonces, creyeron en Jesús no solo el noble, sino también todos los de su casa. Gracias a la fe de un buen padre, muchos más se salvaron por creer en Jesucristo.

(Adaptado de Juan 4.46-54)

¡Libertad!

¿Qué te hace sentirte libre? ¿El sonido de la última campana que suena el último día de clase antes de las vacaciones? ¿Levantarte un sábado por la mañana sin despertador ni planes, con todo el día para jugar a lo que quieras? ¿Apreciar la libertad de nuestra nación y celebrar el 4 de julio con tu familia?

Tal vez hayas estado atrapado en una situación horrible y sentiste el gran alivio de la libertad cuando alguien te ayudó a salir. Jesús da ese tipo de ayuda y ese tipo de libertad. Todo el que nace en este mundo nace atrapado en el pecado, en las cosas malas que pensamos y hacemos sin intención, como los pensamientos egoístas que surgen en nuestra mente contra nuestra voluntad. Pero gracias a que Jesús sufrió y murió en la cruz para recibir el castigo por nuestros pecados, podemos aceptar su regalo de la salvación y ser totalmente libres del pecado para siempre. Entonces, cuando muramos resucitaremos como Él y tendremos vida eterna como Él. ¡Esa es la verdadera libertad eterna!

En un mundo lleno de dificultades, a veces nos sentimos atrapados en situaciones difíciles, pero Dios ofrece ayuda y esperanza también para esas cosas. La Biblia nos presenta maravillosas historias reales de momentos en los que Dios rescató y liberó a su pueblo. Podemos confiar en estas historias y encontrar en ellas aliento y esperanza para nosotros hoy. Lee las historias de este mes ¡y compruébalo tú mismo!

EL FOSO DE LOS LEONES
La historia de Daniel

Cuando el rey Nabucodonosor de Babilonia llegó a Jerusalén y la conquistó, ordenó que llevaran a su palacio a algunos de los israelitas más brillantes y fuertes. Quería que los adiestraran en las costumbres de los babilonios para que algún día pudieran servir al rey. Daniel era uno de estos jóvenes inteligentes y fuertes. Daniel quería mantenerse fiel al único Dios verdadero, y Dios lo bendijo por ello. El rey Nabucodonosor respetaba a Daniel y le dio tareas importantes y muchos dones.

Pasó el tiempo y llegó un nuevo rey a Babilonia: Darío. Daniel seguía siendo uno de los líderes más respetados del país. Todo iba bien hasta que algunos líderes a sus órdenes se llenaron de envidia. Buscaban cómo poner a Daniel en problemas con el rey. Pero esos malvados no encontraban nada de lo que acusar a Daniel. Así que idearon un plan perverso.

Los líderes envidiosos fueron a ver al rey Darío y le dijeron: «Rey, debes promulgar una ley que diga que durante los próximos treinta días, nadie en el reino podrá orar a nadie más que a ti. Quien desobedezca será arrojado al foso de los leones». Al rey Darío le pareció bien y dictó un decreto por el que todos en el reino debían obedecer esta nueva ley.

Pero Daniel amaba al único Dios verdadero y nunca dejaría de orarle solo a él. A pesar de la nueva ley, siguió orando al Señor y no al rey Darío. Tres veces al día oraba a Dios con la ventana abierta. Los líderes envidiosos habían estado esperando eso. Fueron enseguida a informar al rey de lo que Daniel estaba haciendo.

«Daniel no te hace caso ni a ti ni a esta ley», le espetaron los dirigentes envidiosos.

El rey Darío se turbó mucho, pues apreciaba y respetaba a Daniel. Pero los líderes celosos lo convencieron para que hiciera cumplir la ley. Entonces el rey dio la orden y Daniel fue arrojado al foso de los leones. El rey le dijo a Daniel: «¡Que tu Dios, a quien sirves fielmente, te rescate!». Entonces cerraron el foso a cal y canto.

El rey Darío no pudo comer esa tarde ni dormir esa noche. Se sentía fatal. A primera hora de la mañana, fue corriendo al foso de los leones y gritó: «Daniel, siervo del Dios vivo, ¿tu Dios ha podido salvarte de los leones?».

¡Y Daniel respondió! «Mi Dios envió a su ángel y cerró la boca de los leones. Usted sabe que no soy culpable. Tampoco he hecho nada malo ante usted, oh rey».

Con gran alegría, el rey ordenó que sacaran a Daniel del foso de los leones. ¡No tenía ni un solo rasguño!

Y pronto el rey Darío decretó: «En todo lugar de mi reino, el pueblo debe respetar y honrar al Dios de Daniel. Él es el Dios vivo y eterno. Él rescata y salva. Ha liberado a Daniel del poder de los leones».

(Adaptado de Daniel 1; 6)

LA SEPARACIÓN DEL MAR ROJO
La historia de Moisés

El pueblo de Dios estaba harto de la esclavitud. Por años habían sido tratados con crueldad bajo el poder del faraón. Moisés era un israelita que había crecido en el palacio del faraón porque la princesa lo había rescatado del río Nilo cuando era un bebé. Pero, de joven, Moisés había huido a otro país. Entonces Dios llamó a Moisés de regreso a Egipto para que sacara a los israelitas de la esclavitud y los guiara a la libertad.

Moisés tenía mucho miedo y muchas preguntas sobre lo que Dios le había encomendado, así que Dios envió a su hermano Aarón para que le ayudara. Dios también le dio a Moisés un cayado de pastor para hacer grandes milagros.

Moisés y Aarón fueron a ver al faraón y le dijeron que el Señor Dios de Israel había dicho: *«¡Deja ir a mi pueblo!»*. Pero el faraón se negó y fue aún más cruel con los israelitas, golpeándolos y llamándolos perezosos y haciendo más difícil su trabajo. Dios guio a Moisés y a Aarón para que siguieran diciéndole al faraón: «Deja ir a los israelitas». Pero el faraón no quiso escuchar.

Entonces Dios dijo a Moisés y a Aarón que utilizaran la vara especial que les había dado para traer plagas sobre el pueblo egipcio como castigo por mantener a los israelitas en la esclavitud. Moisés y Aarón obedecieron. Seguramente estas plagas harían que el faraón escuchara y liberara a los israelitas.

Primero Dios convirtió el río Nilo en sangre para que todos los peces murieran y nadie pudiera beber de su agua. Pero el faraón no quiso escuchar. Dios también envió ranas, mosquitos y moscas y mató a todo el ganado de Egipto. Pero el faraón no quiso escuchar.

Entonces Dios envió forúnculos y granizo y langostas y oscuridad. Pero el faraón no quiso escuchar.

Luego Dios juró matar a todos los primogénitos de Egipto porque el faraón se negaba a liberar a los israelitas. Pero ideó una manera de proteger a los primogénitos de Israel. Y todos los primogénitos de Egipto murieron, pero todos los primogénitos de Israel quedaron a salvo. Al final, el faraón escuchó y dejó marchar al pueblo de Dios.

Tras su huida de Egipto, Dios guiaba a los israelitas con una enorme nube en el cielo durante el día y otra de fuego por la noche. Mientras tanto, en Egipto, el faraón cambió de opinión y envió a sus ejércitos para recuperar a los israelitas. Los egipcios alcanzaron a los israelitas en el mar Rojo, y el pueblo de Dios parecía acorralado. Pero Dios tenía un plan asombroso. Moisés extendió la mano hacia el mar, ¡y Dios hizo retroceder las aguas y abrió un camino a través del mar Rojo! Los israelitas pasaron entre dos enormes paredes de agua. Mientras los egipcios perseguían a los israelitas, Dios hizo que las aguas se precipitaran para matar a los egipcios, pero mantuvo a salvo a los israelitas.

Tal como lo había prometido, Dios hizo un milagro para sacar a su pueblo de la esclavitud y llevarlo a la libertad.

(Adaptado de Éxodo 1-14)

UN CARCELERO SALVADO
La historia de Pablo y Silas

Después de que Dios cambiara su corazón en el camino a Damasco, Pablo predicó la buena nueva de Jesucristo a mucha gente. Viajó por todas partes, realizando milagros por el poder de Dios y ayudando a muchos a confiar en Jesús como su Salvador. En uno de sus viajes, su amigo Silas estaba con él, y conocieron a una esclava que tenía dentro un espíritu maligno. Gracias a este espíritu maligno, la chica predecía el futuro, y la gente pagaba mucho por sus servicios. Así que estaba haciendo ricos a sus dueños.

El espíritu maligno que había en ella quería también molestar a Pablo y Silas. Así que la chica los siguió, burlándose y molestándolos día tras día. Por fin, Pablo estaba tan molesto que se volvió hacia la muchacha y le dijo al espíritu maligno que había en ella: «En nombre de Jesucristo, te ordeno que salgas de ella». Y en ese momento el espíritu maligno la abandonó.

¡Los dueños de la esclava estaban furiosos! Ya no ganarían más dinero con ella. Arrestaron a Pablo y a Silas y los arrastraron ante los gobernantes de la ciudad y los acusaron de causar problemas en su pueblo. Los gobernantes ordenaron desnudarlos, golpearlos y meterlos en la cárcel. Los guardias de la prisión recibieron instrucciones de vigilarlos atentamente para que no escaparan. Los metieron en la celda más profunda y los encadenaron por los pies.

Nada de esto detuvo la fe de Pablo y Silas en Dios. Aquella noche, muy tarde, oraban y cantaban a Dios, y otros prisioneros los escuchaban. De repente, un terremoto sacudió la cárcel. Fue tan fuerte que las puertas de la prisión se abrieron de golpe y las cadenas de todos se soltaron.

El carcelero se despertó y estaba aterrorizado. Creyó que lo matarían por dejar escapar a todos los prisioneros.

Pero Pablo le dijo: «¡Estamos todos aquí!». El carcelero corrió hacia Pablo y Silas y se postró delante de ellos. Entonces los sacó de su celda y les dijo: «¿Qué debo hacer para ser salvo?».

Le dijeron: «Cree en el Señor Jesús y serás salvo. Tú y tu casa».

Entonces el carcelero llevó a Pablo y a Silas a su casa, los cuidó y les dio de comer. Y todos en su familia escucharon a Pablo y Silas y creyeron en Jesús. El carcelero y su familia estaban llenos de alegría aquella noche. Habían encontrado algo aún más sorprendente que la libertad de una prisión: la libertad para siempre en Jesucristo.

(Adaptado de Hechos 16.16-40)

EL SOÑADOR VALIENTE
La historia de José

José era un joven israelita muy amado por su padre, Jacob. Tenía diez hermanos mayores y uno menor. Los hermanos de José le tenían celos y odio. Cuando su padre le dio a José una túnica especial de muchos colores y diseños, se pusieron aún más celosos. Y cuando José contó sus sueños a sus hermanos, le tomaron aún más odio.

José les dijo: «Escuchen, he tenido un sueño en el que estábamos recogiendo cereales en el campo. Mi gavilla se levantó, y todas sus gavillas se inclinaron ante la mía».

Sus hermanos le dijeron: «¿Crees que esto significa que vas a ser nuestro rey y vas a mandar sobre nosotros?». Y odiaron aún más a José.

Entonces les contó otro sueño: «Escuchen, esta vez en mi sueño el sol, la luna y once estrellas se inclinaban ante mí».

Los hermanos ya no podían soportarlo. Hicieron planes perversos contra José y al final lo vendieron a unos mercaderes ambulantes que lo llevaron a Egipto para ser esclavo. Engañaron a su padre haciéndole creer que a José lo había matado un animal salvaje.

En Egipto, José trabajó para Potifar, que era el capitán de la guardia del rey. Dios estaba con José, y tenía éxito en todo lo que hacía. Potifar respetaba y confiaba mucho en José y lo puso a cargo de todo lo que poseía. Pero entonces la mujer de Potifar fue cruel con José y engañó a su marido haciéndole creer que José era malo. Así que llevaron a José a la cárcel.

Aun así, Dios estaba con José y le cayó bien al carcelero. Pronto José estaba a cargo de todos los demás presos. Dios también dio a José la capacidad de entender los sueños, y José ayudaba a sus compañeros de prisión a interpretar los que tenían.

Un día el faraón pidió que sacaran a José de la cárcel. El faraón le dijo a José: «He tenido un sueño que nadie logra interpretar. He oído que tú puedes hacerlo».

José respondió: «Yo no puedo hacerlo, pero Dios sí». Y con la ayuda de Dios, José le dijo al faraón lo que significaban sus sueños. Los sueños revelaban cómo podría sobrevivir Egipto a una gran hambruna que se avecinaba trayendo hambre y ruina a su reino si no planificaban con antelación.

El faraón estaba tan agradecido que llamó a José el más sabio de la tierra. Luego lo colocó en una posición de privilegio sobre todo el pueblo.

Sin duda, ¡Dios había obrado sus buenos propósitos a través de José! Sacó a José de la esclavitud y la prisión y lo llevó a la libertad y a tener un gran poder y bendición en la tierra de Egipto.

(Adaptado de Génesis 37 y 39—41)

Aprendizaje y sabiduría

Con el final del verano viene el regreso a la escuela y toda la emoción (¡quizá también algunos nervios!) de un nuevo año de estudios. La Palabra de Dios dice: «El comienzo de la sabiduría es el temor del SEÑOR» (Proverbios 9.10 NVI). Pero eso no significa que debamos tener miedo de Dios. Significa que debemos honrar y respetar a Dios como Creador de todo. Al creer en él y adorarlo comenzamos a tener conocimiento y sabiduría sobre cualquier cosa y sobre todas las cosas.

En la Palabra de Dios hay un sinfín de cosas que podemos aprender y aplicar a nuestras vidas para crecer más en nuestra relación con Dios. Dios ha creado y dado vida a todo lo escrito en la Biblia. Cuando se nos enseña la Palabra de Dios, estamos recibiendo ayuda. Nos muestra lo que está mal. Cambia el rumbo de nuestras vidas. Nos muestra cómo estar bien con Dios. Nos da a los que pertenecemos a Dios todo lo necesario para obrar bien para él (2 Timoteo 3.16-17). La Biblia debería ser nuestra fuente primera de aprendizaje, y deberíamos filtrar a través de ella todo lo que aprendemos en el mundo, quedándonos con lo bueno y desechando lo malo.

La Palabra de Dios da muchos ejemplos de cómo personas reales escucharon, aprendieron y obtuvieron sabiduría. Podemos estudiar su vida y aplicar a la nuestra lo que ellos aprendieron. Lee las historias de este mes ¡y compruébalo tú mismo!

UNA ORACIÓN PIDIENDO SABIDURÍA
La historia de Salomón

Cuando el rey de Israel, David, envejeció y supo que iba a morir pronto, le dijo a su hijo Salomón: «Sé fuerte y haz lo que el Señor tu Dios te diga. Anda en sus caminos. Guarda todas sus leyes y su palabra. Entonces tendrás éxito en todo lo que hagas y dondequiera que vayas». Cuando David murió, Salomón ascendió al trono y se convirtió en el nuevo rey de Israel.

El rey Salomón amaba a Dios y andaba en sus caminos. Una noche, Dios se le apareció en sueños y le dijo: «*Pídeme lo que quieras que te dé*».

¿De verdad, *lo que sea*? ¡Qué honor para el rey Salomón! Le respondió a Dios: «Tú fuiste muy bondadoso con mi padre David porque fue fiel y bueno y puro de corazón ante ti. Ahora me has hecho a mí, tu siervo, rey en lugar de mi padre. Pero aún soy como un niño. No sé cómo hacer bien las cosas y hay mucha gente a la que gobernar. Así que, por favor, dame sabiduría y un corazón entendido para juzgar a tu pueblo y conocer la diferencia entre lo bueno y lo malo».

Dios se alegró mucho de que Salomón le pidiera eso. Dios le dijo: «*No pediste una larga vida para ti. No pediste riquezas ni la victoria sobre tus enemigos. Has pedido entendimiento para saber lo que es correcto. Por haberme pedido esto, te lo he concedido. Mira, te he dado un corazón sabio y entendido. Nadie ha sido como tú antes, y no habrá nadie como tú en el futuro. Además, también te doy lo que no me pediste. Te doy riquezas y honor. No habrá otro rey como tú en todos tus días. Y si andas en mis caminos y guardas mis leyes y mi palabra como tu padre, te daré una vida muy larga*».

Salomón despertó del sueño y regresó a Jerusalén. Alabó y adoró a Dios y organizó una gran fiesta para todos sus siervos.

El rey Salomón no fue perfecto en su reinado sobre Israel, pero hizo todo lo posible por gobernar con sabiduría. Siguió escuchando y aprendiendo de Dios usando el entendimiento que le había pedido.

(Adaptado de
1 Reyes 2-3)

CUANDO DIOS DICE «VE».
La historia de Jonás

Un día, Dios le dijo a un hombre llamado Jonás: «*Ve a la gran ciudad de Nínive a predicar contra ella. La gente de allí es muy malvada. Diles que he visto sus terribles pecados y que les envío mi juicio*».

Esto era lo último que Jonás quería oír de Dios. No quería ir a Nínive. Había oído hablar de lo malos que eran allá y no quería tener nada que ver con esa ciudad ni con su gente. Así que Jonás hizo sus propios planes de viaje. Intentó huir de Dios. Fue a la ciudad de Jope y subió a un barco que zarpaba hacia Tarsis.

Dios aún quería que Jonás fuera a Nínive, así que provocó un fuerte viento y una gran tormenta en el mar por donde Jonás navegaba hacia Tarsis. La tormenta era tan violenta que el barco de Jonás estaba a punto de romperse. Todos los marineros estaban asustados y arrojaban las cosas pesadas del barco para intentar que superara la tormenta. Cuando se dieron cuenta de que Jonás estaba bajo cubierta, le dijeron: «¿Cómo puedes dormir? Levántate y ora y tal vez tu Dios nos salve».

Entonces los marineros decidieron echar suertes sobre sus nombres, para ver quién podría haber causado la tormenta. El nombre que salió fue el de Jonás. Él les explicó que huía de Dios. «Será mejor que me arrojen al mar —dijo—. Así las aguas se calmarán. Sé que esta mala tormenta es por mi culpa».

Pero los marineros no querían arrojar a Jonás por la borda; ¡si lo hacían, podrían matarlo! Se esforzaron por remar hasta la orilla, pero no pudieron. Así que oraron a Dios pidiendo clemencia y luego arrojaron a Jonás al mar. De repente, la tormenta se detuvo, tal y como Jonás había dicho. Entonces los marineros adoraron al Dios único y verdadero y prometieron servirle.

Dios seguía teniendo planes para Jonás, ¡unos planes extraños! Jonás no murió en la tormenta ni en el mar. Dios envió un gran pez para que se lo tragara. No le hizo daño. Simplemente estuvo sentado en el estómago de ese pez por tres días y tres noches. Estando allí, oró y adoró a Dios. Entonces Dios le dijo al pez que escupiera a Jonás a tierra seca.

Una vez más, Dios le dijo a Jonás que se levantara y fuera a Nínive a predicar a la gente de allí. Jonás había aprendido la lección de no desobedecer a Dios. Esta vez no huyó. Fue a Nínive y predicó como Dios le indicó, y como el pueblo escuchó y se apartó de su pecado, Dios salvó a esa ciudad de la destrucción.

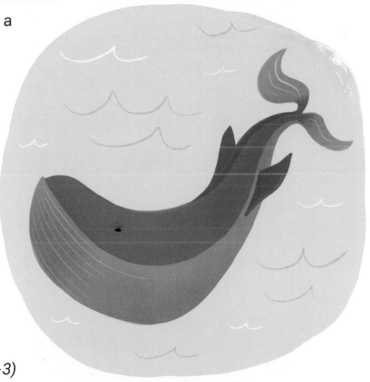

(Adaptado de Jonás 1-3)

LA MUJER DE UN HOMBRE MUY NECIO
La historia de Abigaíl

No mucho antes de que David se convirtiera en rey de Israel, había un hombre llamado Nabal que era muy rico. Tenía tres mil ovejas y mil cabras. Su esposa se llamaba Abigaíl, y era bella, amable y sabia. Nabal, por otra parte, era muy insensato y un pecador en todo lo que hacía.

David conocía a Nabal y había protegido a los hombres que trabajaban para él. Se enteró de que Nabal estaba esquilando ovejas en un lugar llamado Carmelo, cerca de donde David y sus hombres habían acampado. David dijo a algunos de sus hombres que fueran a ver a Nabal y le pidieran alimento y provisiones. David había sido amable con los hombres de Nabal, y supuso que Nabal sería amable a cambio.

Pero Nabal simplemente se burló de los hombres de David. No le importó que David fuera un líder poderoso que había ayudado a sus hombres. No quiso compartir nada. Cuando los hombres de David le contaron todo esto, se enojó muchísimo y les dijo: «¡A las armas!». Estaba listo para ir a luchar y matar.

Uno de los hombres de Nabal fue a ver a Abigaíl para contarle lo sucedido. Entonces le advirtió: «Ten cuidado y piensa en lo que hay que hacer, porque David está muy enojado. Nabal es un hombre tan malo que nadie puede hablarle».

Enseguida, Abigaíl tomó doscientos panes, dos odres de vino, cinco ovejas listas para comer, cinco cestas de grano seco, cien cepas de uvas pasas y doscientos panes de higos, y los cargó en burros. Luego dijo a sus hombres: «Tomen todo esto y vayan delante de mí. Estaré justo detrás de ustedes». No le dijo nada a su marido, Nabal.

Cuando David y sus hombres bajaron hacia donde estaba, Abigaíl les salió al encuentro. David le dijo: «He sido bueno con Nabal y sus hombres, y él ha sido malo conmigo. Por la mañana los mataré a él y a todos sus hombres».

Abigaíl se postró ante David y le dijo: «Escúchame, por favor, te lo ruego. No pienses en ese hombre pecador, Nabal. Es un insensato. Por favor, que el Señor te guarde de matar a Nabal y a sus hombres. Y que los que te odian y los que quieren hacerte mal sean tan necios como Nabal».

David le dijo a Abigaíl: «Gracias al Señor, Dios de Israel, por haberte enviado a mí. Gracias por tu sabiduría. Me has impedido ser culpable de matar y de tomarme la justicia por mi mano. Sube a tu casa en paz. Te he escuchado y haré lo que me pides».

Nabal actuó con insensatez y David estuvo a punto de reaccionar con gran ira. Pero Abigaíl actuó con generosidad y sabiduría y salvó muchas vidas.

(Adaptado de 1 Samuel 25)

ESPÍAS EN LA TIERRA
La historia de Josué y Caleb

Un día, cuando los israelitas ya habían escapado de la esclavitud en Egipto y vagaban por el desierto, Dios dijo a Moisés: *«Envía a algunos hombres a explorar la tierra de Canaán que voy a darles a los israelitas»*. Dos de esos hombres eran Josué y Caleb, y había otros diez, uno de cada tribu de Israel. Moisés les dijo: «Vayan como espías a Canaán. Averigüen todo lo que puedan sobre cómo es el territorio. ¿Es fácil cultivar alimentos o no? ¿Hay muchos árboles y plantas? ¿Las ciudades son pequeñas o grandes? ¿Hay mucha gente allá? ¿Son débiles o fuertes?».

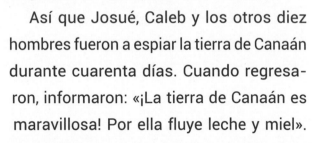

Así que Josué, Caleb y los otros diez hombres fueron a espiar la tierra de Canaán durante cuarenta días. Cuando regresaron, informaron: «¡La tierra de Canaán es maravillosa! Por ella fluye leche y miel». Mostraron algunos de los buenos frutos de la tierra que habían traído. «Pero —dijeron—, la gente es muy fuerte, y las ciudades son grandes y están bien protegidas».

Aun así, Caleb habló y dijo: «Debemos ir a tomar la tierra de Canaán. Podemos hacerlo».

Pero diez de los espías dijeron: «¡De ninguna manera! El pueblo de Canaán es demasiado fuerte para nosotros. Nunca podríamos quitarles sus tierras». Entonces los diez espías atemorizaron tanto al pueblo de Israel con respecto a Canaán que el pueblo se rebeló y se quejó contra sus líderes Moisés y Aarón.

Una vez más, Josué y Caleb trataron de animar al pueblo con lo que habían visto en Canaán. «La tierra de Canaán es maravillosa. Si Dios se complace en nosotros, nos guiará hasta allá y nos la dará. Pero no debemos desobedecer a Dios ni tener miedo del pueblo de Canaán. Dios está de nuestra parte. Él estará con nosotros».

Pero el pueblo estaba tan disgustado que hasta hablaron de apedrear a Caleb y Josué para matarlos. Y Dios se enojó mucho. Se apareció a todos los israelitas en la Tienda de Reunión y le dijo a Moisés: «*¿Hasta cuándo no creerá este pueblo en mí, aun con todos los milagros que me han visto hacer? Voy a castigarlos y destruirlos*».

Moisés pidió a Dios clemencia y perdón para los israelitas, y Dios tuvo misericordia de ellos. Aun así, Dios dijo que los diez espías que no creyeron que él les iba a dar a los israelitas la tierra de Canaán nunca entrarían en ella, pero Josué y Caleb sí entrarían y serían bendecidos.

Josué y Caleb aprendieron que Dios castigaba a los que dudaban de él. Pero Dios recompensa enormemente a los que son lo bastante sabios como para ser valientes y fuertes en su fe en las promesas de Dios.

(Adaptado de Números 13-14)

SEPTIEMBRE

Fuerza y perseverancia

Cuando piensas en la fuerza, ¿qué imagen te viene a la cabeza? ¿Un superhéroe? ¿Un árbol gigante que no se dobla ni se quiebra en la tormenta? ¿Un culturista? ¿Un futbolista? ¿Un rascacielos construido para resistir cualquier tipo de clima? ¿Un tigre o un tiburón? ¿El nadador más rápido? ¿La mejor bailarina? Todos ellos tienen una fuerza increíble.

No importa cómo te imagines la fuerza, lo importante es recordar quién es el más fuerte: nuestro Dios todopoderoso. Él tiene una fuerza sobrenatural y es el Creador y Dador de toda fuerza. Al crecer y desarrollar nuestra fuerza, debemos desear que toda esté basada en él. Podemos imaginarlo sosteniéndonos y haciéndonos fuertes mientras dependemos de él.

Muchas personas de la Biblia aprendieron a depender de Dios como su fuerza y a depender de Dios como su ánimo para ser persistentes, para seguir adelante incluso cuando la situación era difícil. Podemos utilizar sus historias como ejemplos que nos inspiran y nos animan a dejar siempre que Dios sea nuestra fuente de fortaleza. Lee las historias de este mes ¡y compruébalo tú mismo!

UN SIMPLE PASTORCILLO
La historia de David

Había un hombre en Israel llamado David, que era el hijo menor de Jesé. Los tres hermanos mayores de David se fueron a batallar junto con el rey Saúl, que dirigía al pueblo de Israel contra su enemigo, los filisteos. El trabajo de David era cuidar las ovejas de su padre, hasta que un día Jesé le dio otro trabajo: llevar comida a sus hermanos y ver cómo estaban.

En el campo de batalla, el malvado filisteo Goliat, un auténtico gigante, se burlaba y mofaba del pueblo de Dios día tras día. Desafiaba a todos a ver si alguien podía vencerlo. Esto duró cuarenta días y cuarenta noches, y nadie del ejército israelita estuvo dispuesto a luchar contra Goliat. Él era demasiado grande y ellos estaban demasiado asustados.

Cuando David presenció esto, no tuvo miedo de Goliat y se ofreció a pelear. El rey Saúl se burló de la idea. Pero David dijo: «Yo mato a los leones y a los osos que atacan a mis ovejas. Dios me protege de ellos y me protegerá cuando luche contra Goliat».

Entonces el rey Saúl dijo: «Ve, y que Dios te acompañe». Le dio sus propias ropas para que David se las pusiera, además de una armadura y un casco para protegerse.

Pero cuando David intentó ceñirse la espada del rey y caminar, se sintió demasiado incómodo. «No puedo llevar todo esto —dijo—. No estoy acostumbrado a todo este equipamiento». Se lo quitó todo y se preparó para la batalla con solo su vara de pastor, su honda y cinco piedras lisas. Luego cruzó el valle para enfrentarse a Goliat.

Goliat se burló y le dijo: «¿Crees que soy un perro, para venir hacia mí con un palo?».

David contestó: «Tú vienes a mí con espada y lanza para matarme, pero yo vengo a ti en nombre del Señor Todopoderoso, el Dios de Israel. Tú le has desafiado, ¡pero hoy te va a derrotar! Todos los presentes sabrán que el Señor rescata a su pueblo, pero no con espada y lanza. Esta batalla es de Dios, ¡y él te entregará a nosotros!».

David cargó su honda y lanzó una piedra lisa contra Goliat. La piedra surcó el aire y golpeó con fuerza al gigante, justo en medio de la frente. Goliat tropezó y cayó boca abajo. Entonces David corrió a tomar la espada de Goliat y la usó para matar al gigante y cortarle la cabeza. Cuando los filisteos vieron que su hombre más fuerte estaba muerto, todos huyeron, mientras el ejército israelita gritaba en señal de victoria y los perseguía.

David confiaba en que la gran fuerza de Dios puede más que los gigantes y las armas. Con el poder de Dios obrando en él, David pudo derrotar al gigante filisteo.

(Adaptado de
1 Samuel 17)

UN HORNO ARDIENTE
La historia de Sadrac, Mesac y Abednego

Después de que el rey Nabucodonosor de Babilonia conquistara Jerusalén, mandó erigir una enorme estatua de oro para parecer un dios. Ordenó a todos los líderes de Babilonia que vinieran a dedicar la estatua de oro. Cuando estaban ante ella, el heraldo del rey anunció: «¡Cuando oigan el sonido de los cuernos y las arpas, deben arrodillarse y adorar la estatua de oro que ha erigido el rey Nabucodonosor! Cualquiera que no se incline y adore será arrojado a un horno de fuego ardiente».

Cuando toda la gente oyó el sonido de la música, *casi* todos se postraron y adoraron la estatua de oro. Pero tres hombres firmes e inteligentes llamados Sadrac, Mesac y Abednego se negaron a adorar a nadie más que al Dios único y verdadero. Así que algunos hombres fueron a ver al rey y los delataron por no inclinarse ante la estatua de oro.

Esto enfureció al rey Nabucodonosor, y llamó a los tres fieles israelitas. «¿Eso es cierto? —les preguntó—. Les daré otra oportunidad para que me obedezcan, y si no, serán arrojados al horno de fuego. ¿Quién podrá rescatarlos entonces?».

Sadrac, Mesac y Abednego respondieron con valentía: «Si nos arroja al horno de fuego, el Dios al que servimos es poderoso para salvarnos de él. Pero, aunque no lo haga, *nunca* serviremos a sus dioses ni adoraremos la estatua de oro que han erigido».

El rey, furioso, mandó que calentaran el horno siete veces más de lo normal. Ordenó a algunos de sus soldados más fuertes que ataran a Sadrac, Mesac y Abednego y los arrojaran al fuego. Las llamas abrasadoras estaban tan calientes que los soldados murieron al arrojar a los tres amigos.

Mientras el rey Nabucodonosor observaba todo esto, de repente se puso en pie de un salto. «¿No han arrojado tres hombres al fuego?», preguntó a sus sirvientes.

«Por supuesto», respondieron.

«¡Miren! —dijo el rey Nabucodonosor—. Veo a *cuatro* hombres caminando por el fuego, libres e ilesos, ¡y el cuarto parece un dios!». Así que llamó a los jóvenes para que salieran del fuego, ¡y salieron!

El rey y todos sus siervos y dirigentes se reunieron a su alrededor y vieron que no se les había quemado ni un cabello, ni ninguna de sus ropas, y no tenían ni un rasguño. ¡Ni siquiera olían a humo!

El rey apenas podía creer lo que veía. Dijo: «¡Alabado sea el Dios de Sadrac, Mesac y Abednego! Envió a su ángel para rescatar a sus siervos que confiaron en él». Y decretó que cualquiera que hablara en contra de su Dios sería destruido, porque «¡No hay otro dios que pueda rescatar así!».

Incluso bajo gran tensión y peligro para sus vidas, Sadrac, Mesac y Abednego se mantuvieron en su fe. Sabían que Dios tenía poder para salvar.

(Adaptado de Daniel 3)

DE MUERTE A VIDA
La historia de Lázaro

Lázaro era un buen amigo y seguidor de Jesús, y también lo eran sus hermanas, María y Marta. Cuando Lázaro enfermó y estuvo a punto de morir, sus hermanas mandaron aviso a Jesús.

Cuando Jesús escuchó la noticia, dijo: «Su enfermedad no terminará en muerte. Se ha producido para traer honor a Dios. Y el Hijo de Dios también recibirá honor por ello». Aunque Jesús amaba a sus amigos y había oído de la gravedad de Lázaro, no acudió a él de inmediato. Se quedó donde estaba con sus discípulos por dos días más. Por fin, dijo a sus discípulos: «Volvamos a Judea. Nuestro amigo Lázaro duerme, pero voy allí a despertarlo».

Cuando Jesús llegó a Betania, se encontró con que Lázaro llevaba ya cuatro días muerto en una tumba. Había muchos judíos visitando a María y Marta para consolarlas por la pérdida de su hermano. Pero cuando Marta se enteró de la llegada de Jesús, salió corriendo a su encuentro. Le dijo: «Señor, si hubieras estado aquí, mi hermano no habría muerto. Sé que incluso ahora Dios te dará todo lo que pidas».

Jesús respondió: «Tu hermano resucitará». Y agregó: «Yo soy el que resucita a los muertos y les da vida. Cualquiera que crea en mí volverá a vivir, aunque muera. Cualquiera que viva y haya puesto su confianza en mí no morirá jamás. ¿Crees esto?».

Marta respondió: «Sí, Señor, creo que tú eres el Cristo, el Hijo de Dios».

Entonces fue y llamó a su hermana María, y María se levantó y fue a Jesús y lloró a sus pies.

Jesús la vio llorar y se conmovió. Dijo: «¿Dónde han dejado a Lázaro?».

María y los que estaban con ella dijeron: «Señor, ven y mira». Entonces Jesús también lloró.

Los judíos dijeron: «Miren cuánto amaba a Lázaro».

Jesús fue a la tumba con el corazón triste. La tumba era una cavidad en la ladera de una colina, con una piedra cubriendo la entrada. Jesús dijo: «Quiten la piedra». Y la quitaron. Entonces Jesús levantó los ojos y dijo: «Padre, te doy gracias por haberme escuchado. Sé que tú siempre me escuchas. Pero lo digo por los que están aquí, para que crean que tú me has enviado». Después de decir esto, llamó a gran voz: «¡Lázaro, sal!».

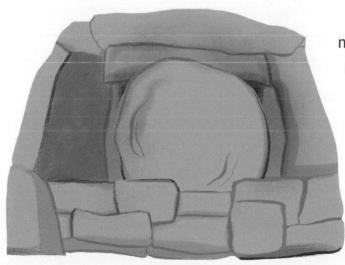

Entonces salió el que había estado muerto, todavía con su vestimenta funeraria y con unas telas blancas enrolladas en la cara. Jesús dijo a la gente: «¡Quítenle las telas y déjenlo ir!»

Gracias a la gran fuerza y poder de Dios para sanar, Lázaro, que estaba muerto, ¡volvió a la vida!

(Adaptado de Juan 11.1-44)

EL SECRETO DE UN HOMBRE FUERTE
La historia de Sansón

Cuando los israelitas estaban bajo el dominio de los filisteos, un ángel del Señor se apareció a la esposa de un hombre llamado Manoa y le dijo: «Pronto darás a luz un hijo. Pero debes seguir unas reglas especiales, y cuando nazca tu hijo, no deben cortarle nunca los cabellos. Estará consagrado a Dios desde su nacimiento. Él comenzará a rescatar a Israel de los filisteos». Llamó al bebé Sansón, y Dios lo bendijo mientras crecía.

Dios le dio a Sansón una fuerza increíble. Un día, en el camino, un león atacó a Sansón. Pero el Espíritu del Señor llenó con poder a Sansón. Le rompió las mandíbulas al león con sus propias manos, ¡como si el león fuera un cabrito!

A lo largo de su vida, Sansón luchó brutalmente contra los filisteos. Y los filisteos estaban perplejos, no sabían cómo alguien podía tener una fuerza tan increíble. Un día, unos gobernantes filisteos vinieron a ver a la esposa de Sansón, Dalila. Le prometieron mucho dinero si engañaba a Sansón para que le contara el secreto de su gran fuerza, para así saber cómo dominarlo. Dalila aceptó el trato.

Al principio, Sansón solo bromeaba con ella. Le contó varias formas de quitarle su fuerza, y cuando ella las probó ninguna resultó cierta. Pero ella estuvo días suplicando y reprochando a Sansón, hasta que él finalmente le dijo: «Nunca me han cortado el cabello porque he sido apartado para Dios desde mi nacimiento. Si me afeitaran la cabeza, perdería mi fuerza». Dalila pudo ver que por fin le dijo la verdad, así que arrulló a Sansón para que se durmiera en su regazo y llamó a un hombre para que le cortara todo el cabello.

Entonces ella dijo: «¡Los filisteos vienen por ti, Sansón!».

Se despertó y pensó que derrotaría fácilmente a los filisteos como de costumbre. Pero no sabía que el Señor lo había abandonado porque le habían cortado el cabello. Los filisteos lo capturaron, le sacaron los ojos y lo encarcelaron.

Más tarde, los líderes de los filisteos se reunieron para celebrar y burlarse de Sansón. Lo pusieron entre las columnas de piedra que sostenían el templo donde se encontraban.

Y Sansón, a quien le había vuelto a crecer el cabello mientras estaba preso, clamó a Dios y le dijo: «Oh, Señor Dios, por favor, acuérdate de mí. Dame fuerzas una vez más para que pueda castigar a los filisteos». Entonces Sansón se apoyó en las dos columnas centrales que sostenían el edificio. Empujó contra ellas con todas sus fuerzas y el edificio del templo cayó sobre los líderes filisteos y miles de su pueblo. Sansón murió junto con ellos, pero Dios había llevado a cabo sus planes a través de Sansón: planes firmes y poderosos para librar al pueblo israelita del dominio de los malvados filisteos.

(Adaptado de Jueces 13-16)

Cosecha

Aire limpio y fresco. Calabazas y sidra. Paseos en carroza de heno y festivales de otoño. Rastrillar las hojas y saltar sobre los grandes montones. Colores rojos, naranjas y amarillos en todos los árboles y flotando hasta el suelo... ¡El otoño tiene tantas cosas maravillosas! Piensa en tus diversiones otoñales favoritas. Luego piensa en la bendición que supone que Dios nos conceda una época del año tan bella, un tiempo de cosecha que trae los buenos alimentos que Dios ayudó a crecer. Un tiempo para recordar y celebrar cómo Dios provee. A veces provee justo lo que esperamos con justo lo que creemos que necesitamos. Y a veces provee de maneras que ni siquiera habíamos soñado. A veces Dios bendice y provee después de que hayamos hecho el trabajo que él nos guía a hacer. Y a veces provee una bendición que es simplemente ¡una encantadora sorpresa!

En la Palabra de Dios vemos muchas veces cómo Dios bendijo y proveyó para su pueblo con justo lo adecuado justo en el momento adecuado. Cuando aprendemos de estas personas y de sus experiencias, podemos confiar aún más en que Dios siempre nos está bendiciendo y proveyendo también a nosotros. Lee las historias de este mes ¡y compruébalo tú mismo!

REDES REBOSANTES
La historia de los pescadores de hombres

Un día, al principio del ministerio de Jesús, estaba enseñando a orillas del mar de Galilea. Había muchas personas juntas y cerca de él para escuchar la Palabra de Dios. Entonces Jesús vio dos barcas de pescadores que habían terminado de pescar por ese día y estaban lavando sus redes. Jesús decidió subir a una de las barcas. Le pidió al dueño, un hombre llamado Simón Pedro, que remara mar adentro. Desde allí podría enseñar mejor a la gente porque no estarían tan apretados a su alrededor.

Cuando Jesús terminó de enseñar, le dijo a Simón Pedro: «Vayamos a aguas más profundas. Y echen las redes para pescar».

Pero Simón le dijo a Jesús: «Maestro, hemos trabajado duro pescando toda la noche y no hemos sacado ni un pez. ¡Ni uno! Pero si tú lo dices, lo intentaremos de nuevo».

Así lo hicieron, y no podían creer lo que ocurrió. Echaron las redes y, de repente, ¡esas redes estaban a punto de reventar de peces! Pescaron tantos peces que tuvieron que gritar para pedir ayuda a los pescadores de la otra barca. ¡Pronto ambas barcas estaban tan llenas de peces que casi empezaban a hundirse!

Cuando Simón Pedro se dio cuenta de lo que acababa de suceder, cayó a los pies de Jesús. Simón Pedro sabía que Jesús era extraordinario. Sabía que Jesús había estado sanando a la gente y enseñándoles, y ahora Simón Pedro estaba experimentando un milagro en su propia vida. Le dijo a Jesús: «Por favor, déjame, Señor. Soy un hombre pecador». No se sentía digno de estar cerca de este hombre tan maravilloso que podía hacer milagros tan increíbles.

Pero Jesús le dijo a Simón: «No temas. A partir de ahora pescarás personas».

Simón Pedro no estaba muy seguro de lo que Jesús quería decir, pero no le importaba porque sabía bien que escuchar a Jesús era la mejor elección. Y así, él y sus compañeros, Santiago y Juan, llevaron sus barcas a la orilla lo dejaron todo para seguir a Jesús. Ellos llegaron a ser de los amigos y compañeros de ministerio más íntimos de Jesús. Y la forma de pescar personas era ayudando a Jesús mientras predicaba la buena nueva. Si las personas creían esa buena noticia, eso las salvaría de sus pecados; las pescaría y las llevaría al reino de Dios.

(Adaptado de Lucas 5.1-11)

CINCO PANES Y DOS PECES

La historia de la alimentación de los cinco mil

Cuando Jesús oyó la triste noticia de que Juan el Bautista había muerto, quiso estar a solas un rato. Se fue en barca a buscar un lugar tranquilo. Pero las multitudes querían oír la enseñanza de Jesús, y caminaron lo más rápido que pudieron desde muchos pueblos diferentes hasta donde habían oído que él iba. Cuando Jesús bajó de la barca, vio la multitud. Podía haberlos despedido, ya que quería estar solo, pero no lo hizo. Estaba lleno de amor y bondad hacia ellos y sanó a los que estaban enfermos.

Al caer la tarde, los discípulos le pidieron a Jesús que despidiera a la multitud. «Se está haciendo tarde —dijeron—, y estamos aquí en medio de la nada. Esta gente tiene que ir a los pueblos y comprarse algo de comida».

Pero Jesús dijo: «No es necesario que se vayan. Ustedes pueden darles algo de comer».

Los discípulos no entendían bien. ¿Es que no veía Jesús cuánta gente había? Eran *muchos*: ¡unos cinco mil hombres, además de las mujeres y los niños! «Solo tenemos cinco panes y dos peces que nos dio un muchacho», dijeron los discípulos.

Jesús dijo: «Tráiganme los panes y los peces». Así lo hicieron los discípulos. Entonces Jesús dijo a la multitud que se sentaran en la hierba.

Se sentaron en grandes grupos, unos de cincuenta personas y otros de cien. Jesús tomó los cinco panes y los dos peces, miró al cielo y dio gracias por ellos. Luego partió los panes en pedazos y se los dio a sus discípulos, y los discípulos los repartieron entre la gente. Jesús partió el pescado y también lo compartieron con todos. Entonces los cinco mil hombres, más las mujeres y los niños comieron y hasta tuvieron más para comer.

Cuando todos quedaron bien satisfechos, aún sobraba mucha comida. Cuando la gente terminó de comer, los discípulos recogieron doce cestas llenas de pan y pescado extra. Era increíble que todo eso hubiera salido de solo cinco panes y dos peces. ¡Qué milagro! Jesús había ido mucho más allá de bendecir a la gente con el alimento que necesitaban.

(Adaptado de Mateo 14.13-21; Marcos 6.30-44; Lucas 9.10-17; Juan 6.1-15)

RECORDAR LA PALABRA DE DIOS
La historia del sembrador y las semillas

Un día Jesús estaba enseñando mediante una historia, llamada parábola, sobre un agricultor que salió a plantar semillas.

Jesús dijo que mientras el agricultor plantaba las semillas, algunas cayeron junto al camino. Pero los pájaros vinieron y se comieron todas esas semillas.

Otras cayeron entre las rocas. Esas semillas brotaron enseguida porque apenas había tierra. Pero entonces, cuando el sol calentó desde lo alto, las semillas se secaron y murieron porque no tenían raíces.

Algunas cayeron entre espinos, pero estos crecieron y no dejaron espacio para crecer a las semillas.

Por último, algunas semillas cayeron en buena tierra y crecieron hasta convertirse en un montón de buen grano, ¡treinta, sesenta o cien veces más que la cantidad de semilla plantada!

Jesús explicó lo que quería decir con esta parábola. Dijo que la semilla que cayó junto al camino es como los que oyen el mensaje sobre el reino de Dios, pero no lo entienden. Entonces, como los pájaros, el maligno viene y roba la semilla de la fe que fue plantada en sus corazones.

La semilla en el suelo pedregoso es como aquellos que oyen el mensaje y al momento lo creen con alegría. Pero como su fe no tiene raíces profundas, no dura mucho. Se alejan de la fe en cuanto tienen problemas o reciben daño o burlas por creer en la palabra de Dios.

La semilla que cayó entre espinos es como los que oyen la palabra de Dios pero rápidamente dejan a un lado el mensaje ante las preocupaciones de esta vida y por querer tener mucho dinero, así que no crece nada bueno.

La semilla que cayó en buena tierra es como los que de verdad escuchan y entienden la Palabra de Dios ¡y producen una cosecha de treinta, sesenta o incluso cien veces más que la cantidad de semilla sembrada!

Con cada parábola, Jesús compartía la verdad para ayudar a la gente a crecer en la fe en él como Hijo de Dios, y darles la vida eterna.

(Adaptado de Mateo 13.3-23; Marcos 4.2-20; Lucas 8.4-15)

LA CUERDA ROJA
La historia de Rajab

Tras la muerte de Moisés, Josué fue el siguiente líder del pueblo israelita. Envió a dos hombres a la tierra de Canaán y les dijo: «Vayan y espíen el territorio, sobre todo Jericó».

Entraron en Jericó y llegaron a casa de una mujer llamada Rajab. Pero alguien se enteró y le contó al rey de Jericó lo de los espías. El rey envió un mensaje a Rajab: «Saca a los hombres que han entrado en tu casa. Vinieron a espiar nuestra tierra».

Pero Rajab había escondido a los dos espías. Dijo: «Sí, esos hombres vinieron a mí, pero yo no sabía de dónde eran y no sé adónde fueron. Si se da prisa y van tras ellos, los atraparán». En realidad, había subido a los espías a la azotea de su casa y los había escondido bajo el grano que allí almacenaba. Los hombres del rey fueron tras ellos por el camino del río Jordán.

Antes de que los espías se fueran a dormir por la noche, Rajab subió con ellos a su azotea. «Sé que el Señor les ha dado este país —dijo—. El Señor su Dios es Dios arriba en el cielo y abajo en la tierra. He sido amable con ustedes, así que les ruego que me prometan que serán bondadosos con mi familia. Cuando conquisten esta tierra, no maten a mis padres, a mis hermanos y a todos los suyos. Por favor, sálvennos de la muerte».

Los espías le prometieron fidelidad, siempre y cuando no le contara a nadie sus planes. Entonces Rajab los bajó con una cuerda por la ventana y les dijo que se escondieran durante tres días en la región de las montañas antes de regresar con su pueblo.

Los espías le dijeron: «Ata esta cuerda roja en la ventana por la que nos bajaste. Trae a tus padres, a tus hermanos y a todos suyos a tu casa. Si alguien sale a la calle, será culpa suya si le matan. Pero si alguien que esté contigo en tu casa resulta herido, asumiremos la culpa. Pero no nos traiciones».

Ella estuvo de acuerdo. Luego los despidió y ató la cuerda roja en la ventana.

Los espías israelitas habían necesitado ayuda, y Dios les proporcionó a Rajab justo en el momento oportuno. Y cuando Josué y los israelitas tomaron Jericó y entraron en la tierra de Canaán, como Dios había prometido, Rajab y su familia salvaron la vida. Recibieron una gran recompensa porque Rajab había confiado en Dios y había ayudado a los espías judíos.

(Adaptado de Josué 2-6)

NOVIEMBRE

Acción de Gracias

Den gracias en todo, dice la Biblia (1 Tesalonicenses 5.18). Es fácil leer ese pasaje y pensar en cosas buenas por las que estar agradecido: la familia, los amigos, tu hogar, tus juguetes favoritos, la ropa y la buena comida, vacaciones familiares divertidas, etc. Pero a veces suceden cosas difíciles, y puede que te preguntes: *¿De verdad debo dar gracias en todo? ¿Incluso cuando estoy enfermo con fiebre? ¿Incluso cuando he perdido mi juguete favorito? ¿Incluso cuando mis amigos se portan mal conmigo? ¿Incluso cuando tengo muchas tareas? ¿Incluso cuando tengo problemas con mis padres?*

Sí, en todas esas situaciones, da gracias. No tienes que estar agradecido por las dificultades en sí, pero sí debes dar gracias porque Dios nunca te deja solo y te ayudará a superar cualquier dificultad. Además, él te enseñará lecciones valiosas en los momentos difíciles. Y puedes dar gracias por el hecho de que las situaciones difíciles te dan la oportunidad de crecer más cerca de él a medida que dependes más de él. El mes de noviembre es una época de gran acción de gracias, que se celebra festejando junto a la familia y los amigos. También puedes dedicar tiempo a leer sobre personas de la Biblia que tenían mucho que agradecer. Lee las historias de este mes ¡y compruébalo tú mismo!

TODO LO QUE TENÍA

La historia de la viuda que dio dos monedas

Un día, después de haber estado enseñando en los atrios del templo, Jesús se sentó cerca de las cajas de las ofrendas para el tesoro del templo. Allí era donde la gente ponía dinero para las ofrendas a Dios. Jesús observó cómo muchos ricos daban grandes cantidades de dinero. Esto no les resultaba difícil porque eran tan ricos que tenían mucho dinero para compartir. Pero entonces Jesús vio a una mujer, que era muy pobre y no tenía marido, echar dos moneditas de cobre de muy poco valor. Sumadas, las dos monedas no valían ni un centavo.

Jesús lo vio y llamó a sus discípulos: «Os digo una verdad: esta pobre viuda ha dado más dinero que todos los demás».

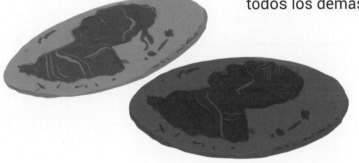

¿Cómo es posible? ¡La viuda solo había dado dos moneditas que no llegaban ni a un centavo! Y los ricos habían dado mucho dinero, mucho más que la viuda pobre.

Pero Jesús dijo: «Los ricos ponen dinero que les sobra porque tienen mucho más. Pero la pobre viuda no tiene nada más. Ella necesitaba todo su dinero para vivir, pero aun así se lo dio todo a Dios».

La pobre viuda entendió lo que era la verdadera gratitud y el dar. Aunque no tenía prácticamente nada, estaba agradecida por lo que tenía, tan agradecida que quería devolvérselo todo a Dios. Confiaba en que Dios le proveería pasara lo que pasara, y tenía una gran fe que la inspiraba a darlo todo.

(Adaptado de Marcos 12.41-44; Lucas 21.1-4)

AGUA VIVA

La historia de la mujer junto al pozo

Un día, en sus viajes, Jesús se acercó a un pueblo de Samaria llamado Sicar. Era cerca del mediodía, y estaba cansado, así que se sentó cerca de un pozo. Sus discípulos habían ido al pueblo a buscar comida. Cuando una mujer samaritana vino a buscar agua al pozo, Jesús le preguntó: «¿Podrías darme de beber?».

Normalmente, los judíos no se relacionaban con los samaritanos. Entonces la mujer preguntó a Jesús: «¿Por qué me pides a mí de beber?».

Pero a Jesús no le importaba que la mujer fuera samaritana. Amaba a todas las personas, fueran del país que fueran. Él le dijo: «Si supieras lo maravilloso que es el regalo que Dios quiere darte, serías tú quien *me* pediría agua. Y yo te daría agua viva».

La mujer no lo entendía. Le preguntó: «¿De dónde vas a sacar esa agua? Este pozo es profundo, y tú no llevas encima nada para sacar agua».

Jesús le dijo: «El que beba agua de este pozo volverá a tener sed. Pero quien beba del agua que yo doy, nunca tendrá sed. El agua que yo doy se convierte en un pozo de vida interior que dura para siempre».

La mujer le dijo: «Señor, por favor, dame de esa agua para que nunca tenga sed».

Entonces Jesús habló más con la mujer, y ella se dio cuenta de que él lo sabía todo sobre ella, incluso cosas que ella nunca le había dicho. Empezó a comprender que él debía de ser realmente Jesucristo, el Hijo de Dios. Asombrada, dejó su cántaro de agua en el pozo y regresó al pueblo para decir a todos: «¡Vengan conmigo a ver a un hombre que me ha contado todo lo que he hecho!».

Muchos samaritanos creyeron en Jesús por lo que ella les contó de él. Se acercaron a Jesús y le escucharon. Luego lo invitaron a quedarse en su pueblo. A medida que más gente escuchaba las enseñanzas de Jesús, muchos más creían en él. Le dijeron a la mujer del pozo: «Ahora creemos no solo por lo que has dicho de Jesús, sino también porque nosotros mismos le hemos oído. Sabemos con certeza que este hombre es realmente el Salvador del mundo que salva a las personas del castigo de sus pecados».

(Adaptado de Juan 4.4-42)

DIOS HACE UNA PROMESA
La historia de Abraham y Sara

Cuando un hombre llamado Abram tenía noventa y nueve años, Dios vino a él y le dijo: *«Yo soy Dios todopoderoso. Si me obedeces y eres fiel a mí, haré un pacto, una promesa para siempre contigo para darte una gran familia y serás el padre de muchas naciones».*

Abram se quedó helado ante esta noticia. No tenía ningún hijo, así que ¿cómo podía ser?

Aun así, Dios le dijo: *«Serás padre de muchas naciones, y a partir de ahora tu nombre no será Abram, sino Abraham. De tu familia saldrán muchas gentes, ¡incluso reyes! Haré mi pacto contigo y con tus hijos por toda su vida y para siempre. Te daré a ti y a tus hijos después de ti toda la tierra de Canaán para siempre, y siempre seré tu Dios».*

En cuanto a su esposa, Dios le dijo a Abraham: *«No la llames Saray, porque su nombre ahora será Sara. Los bendeciré a ella y a ti con un hijo. Ella será madre de muchas naciones».*

Abraham volvió a sorprenderse y se echó a reír. Se dijo a sí mismo: «¿Cómo voy a tener un hijo ahora? ¡Tengo cien años! ¿Y cómo va a tener un bebé Sara? Tiene noventa años».

Pero Dios le prometió a Abraham: *«Tu esposa Sara dará a luz a tu hijo. Y debes ponerle por nombre Isaac. Haré un pacto con él y con toda su familia después de él».*

Más tarde, Dios se le apareció de nuevo a Abraham y le dijo: *«El año que viene por estas fechas volveré a ti, y tu mujer tendrá un hijo».*

Sara lo oyó y se echó a reír.

Dios sabía que le causó risa y le dijo a Abraham: *«¿Por qué se ha reído? ¿Acaso hay algo demasiado difícil para el Señor?»*.

Sara tuvo miedo y mintió: «No me he reído».

Pero Dios sabía la verdad y le dijo: *«Sí te has reído»*. Aun así, bendijo a Sara y a Abraham, tal como había prometido. Cuando nació su hijo, lo llamaron Isaac,

que significa «risa». Sara dijo: «Dios me ha hecho reír, y cualquiera que se entere de que tuvimos a nuestro hijo siendo tan ancianos se reirá también».

Dios había cumplido su promesa, y Abraham y Sara sabían que seguiría cumpliendo sus promesas, y estaban llenos de gratitud.

(Adaptado de Génesis 17-18; 21)

PERDIDO Y ENCONTRADO
La historia del hijo pródigo

Jesús contaba historias llamadas parábolas para enseñar buenas lecciones. Una de sus parábolas trataba de un hombre que tenía dos hijos. El hijo menor le dijo a su padre: «Dame mi herencia, la parte que me corresponde de las riquezas de la familia».

Entonces el padre dividió entre sus dos hijos todo lo que poseía. El hijo menor tomó toda su herencia y se fue a otro país muy lejano. No trabajó en nada y desperdició su dinero. Lo gastó todo en vivir una vida desenfrenada e insensata. Se le acabó todo el dinero y tuvo hambre, pero se produjo una hambruna, por lo que no había comida en la región. El único trabajo que pudo encontrar fue el de alimentar cerdos, y estaba tan hambriento que quería comer de la comida de los cerdos. Entonces empezó a pensar en lo que había hecho. Se dijo a sí mismo: «Mi padre paga a muchos hombres que trabajan para él, y tienen todo lo que necesitan y más. Y aquí estoy yo casi muriéndome de hambre. Debería volver a casa con mi padre. Le diré: "Padre, he pecado contra el cielo y contra ti. No soy lo bastante bueno como para que me llames hijo tuyo. Pero ¿me permitirías trabajar para ti?"».

Entonces se levantó y fue a ver a su padre. Y cuando aún estaba lejos, su padre lo vio y se sintió lleno de amor y bondad hacia él. Corrió hacia su hijo, lo rodeó con los brazos y lo besó. El hijo dijo: «Padre, he pecado contra el cielo y contra ti. No soy lo bastante bueno como para que me llames hijo tuyo».

Pero el padre dijo a sus obreros: «¡Deprisa! Traigan el mejor manto y pónganselo. Pónganle un anillo en la mano y zapatos en los pies. Traigan el ternero cebado y mátenlo para que podamos comerlo. Alegrémonos porque mi hijo estaba perdido y ahora ha sido hallado. Comamos y celebremos».

Cuando el hijo mayor se acercaba a la casa, oyó la música y el baile de la fiesta de bienvenida a su hermano menor. Cuando se dio cuenta de lo que ocurría, no quiso entrar. Estaba celoso y enfadado por el trato tan bueno que su padre dio al hermano que se fue.

Pero el padre le dijo: «Hijo mío, tú estás conmigo todo el tiempo. Todo lo que tengo es tuyo. Está bien que celebremos una fiesta y estemos contentos. Tenemos mucho que agradecer. Tu hermano estaba perdido y ha sido hallado».

(Adaptado de Lucas 15.11-32)

DICIEMBRE

Navidad

Al final de cada año llega la mayor celebración de todas: ¡una gran fiesta de cumpleaños para Jesús! En eso consiste la temporada de Navidad. ¡Ha nacido Jesús! Celebramos el regalo que él mismo era y sigue siendo para el mundo. Jesús vino una vez como bebé y vivió y amó en gran manera a todos. Luego murió cargando el castigo por los pecados de todas las personas, pero resucitó para vencer a la muerte y ofrecer vida para siempre a los que creen en él. Él era la esperanza que la gente esperaba, y sigue siendo esa esperanza para todos hoy. En Navidad celebramos que Dios se hizo hombre en Jesús. La Navidad muestra lo mucho que Dios nos ama y cuánto desea estar cerca de nosotros.

¿Cómo celebras a Jesús en Navidad? ¿Das y recibes regalos para recordar cómo Dios nos hizo el regalo más increíble en Jesús? ¿Comes tarta de cumpleaños en honor a su día especial? ¿Compartes el amor y sirves a los demás? ¿Decoras el árbol, cantas villancicos y horneas galletas? ¡Todo esto y mucho más son formas maravillosas de disfrutar de la Navidad!

La forma más importante de celebrar en diciembre es tener presente a Jesús en todo lo que pienses, digas y hagas. La Palabra de Dios nos da muchos detalles de los hechos milagrosos del nacimiento de Jesús que nos recuerdan que lo honremos y amemos durante esta temporada especial. Lee las historias de este mes ¡y compruébalo tú mismo!

UN SALUDO CELESTIAL
La historia de María, madre de Jesús

Dios envió al ángel Gabriel a la aldea de Nazaret, en Galilea, a una joven soltera llamada María. Estaba prometida a un hombre llamado José, que era descendiente del rey David. Gabriel se apareció a María y le dijo: «¡Saludos! Eres muy favorecida entre todas las mujeres. El Señor está contigo».

María estaba turbada y confusa por el ángel y su saludo. ¿Qué puede significar esto?

El ángel le dijo: «No temas, María. Dios te ha bendecido y vas a dar a luz un hijo, y le vas a poner por nombre Jesús. Será grande y será llamado Hijo del Altísimo. Reinará sobre todo Israel y su reino no tendrá fin».

«Pero, ¿cómo es posible? —preguntó María—. No estoy casada y soy virgen».

«Esto sucederá por el poder del Espíritu Santo —dijo el ángel—. El bebé que tendrás será santo y será el Hijo de Dios. Tu prima Elisabet también va a tener un bebé, aunque sea mayor y nunca haya podido tener hijos. Para Dios no hay nada imposible».

Y María dijo: «Estoy dispuesta a servir a Dios como él me pida. Que se cumpla todo lo que acabas de decir».

Enseguida, María se preparó y se dirigió a toda prisa a casa de su prima Elisabet, en una pequeña ciudad de la región montañosa de Judea, donde Elisabet vivía con su marido, Zacarías. En cuanto Elisabet vio a María y oyó su saludo, sintió que el bebé que crecía en su interior saltaba de alegría. Estaba emocionada y llena del Espíritu Santo. Le dijo llena de alegría: «Bendita eres entre todas las mujeres, y bendito es el niño que llevas en tu vientre. Felices las mujeres que creen que lo que el Señor ha dicho se cumplirá».

Y María entonó un canto especial de alabanza: «Mi corazón canta de agradecimiento por mi Señor. Y mi espíritu está feliz en Dios mi Salvador. Yo no era más que una sierva sin importancia, pero el Señor me ha bendecido y a partir de ahora todos me honrarán. Dios ha hecho grandes cosas por mí. Santo es su nombre. La misericordia del Señor es para las personas de todos los tiempos que le honran».

Aunque al principio se sintió sorprendida y confusa por el saludo del ángel Gabriel, María aceptó feliz los buenos planes que Dios tenía para bendecirla con un hijo, un hijo extraordinario que sería la mayor bendición de la historia para todo el mundo.

(Adaptado de Lucas 1.26-55)

OTRO NACIMIENTO MILAGROSO
La historia de Juan el Bautista

El ángel Gabriel le había dicho a María: «Tu prima Elisabet también va a tener un bebé, aunque es anciana y nunca ha podido tener hijos antes. Para Dios no hay nada imposible». Y Gabriel tenía toda la razón. Poco después de que María abandonara la casa de Elisabet, a esta le llegó el momento de tener a su bebé. Dio a luz un hijo, y Elisabet y Zacarías sabían exactamente qué nombre ponerle. El ángel Gabriel se había aparecido a Zacarías y predijo el nacimiento del bebé, le dijo que sería un bebé muy especial con un propósito muy especial, y que tenía que llamarse Juan.

Zacarías fue lleno del Espíritu Santo y le dijo a su hijo: «Serás llamado profeta de Dios, el Altísimo. Irás delante del Señor para preparar su camino, para hablarle al pueblo de la salvación mediante el perdón de los pecados».

El joven Juan creció y se fortaleció y se fue a vivir al desierto hasta que le llegó la hora de preparar el camino a Jesús. Iba vestido con un abrigo de pelo de camello y un cinturón de cuero. Sus comidas favoritas eran los chapulines y la miel silvestre. Entonces, un día, Dios lo llamó del desierto para que empezara a bautizar a mucha gente. El bautismo consistía en sumergir a las personas en agua para lavarse, de esa manera mostraban que estaban arrepentidas de su pecado y querían apartarse de él y salvarse. Por eso Juan fue llamado Juan el Bautista. Muchos pensaron que Juan era el Mesías prometido, pero Juan les aseguró que él solo había venido a preparar el camino para cuando Jesús, que era el verdadero Mesías, comenzara su ministerio de viajar y enseñar. Les decía: «Yo los bautizo con agua, pero viene uno que es más grande. Yo no soy adecuado ni siquiera para ayudarle a quitarse los zapatos. Él los bautizará con el Espíritu Santo».

Un día, Jesús vino de Galilea al río Jordán para ser bautizado por Juan. «Soy yo quien tiene que ser bautizado por *ti* —le dijo Juan a Jesús—. «¿Y tú vienes a *mí*?».

Y Jesús dijo: «Sí, hágase ahora. Es justo que yo sea bautizado por ti».

Juan aceptó y bautizó a Jesús. Cuando Jesús salió del agua del Jordán, el cielo se abrió y el Espíritu de Dios descendió como una paloma y se posó sobre Jesús. Y una voz del cielo dijo: *«Este es mi Hijo. Lo amo y estoy muy complacido con él»*.

El nacimiento milagroso de Juan fue importante para la historia del nacimiento milagroso de Jesús. Dios tenía planes increíbles para las vidas de estos primos tan especiales que nacieron con solo unos meses de diferencia.

(Adaptado de Mateo 3;
Marcos 1.11; Lucas 1;
Juan 1.1-34)

NACIMIENTO DE UN REY
La historia del niño Jesús

Cuando el emperador romano César Augusto ordenó que todo el mundo tenía que ir a su ciudad natal para participar en un censo, José y María viajaron a Belén para inscribirse. Belén era conocida como la ciudad de David, y José fue allí porque era de la familia de David. Mientras José y María estaban en Belén, llegó la hora del nacimiento del niño Jesús. Pero había tanta gente en el pueblo para inscribirse que no encontraron dónde hospedarse. Todas las habitaciones de la posada estaban ocupadas. Así que María dio a luz al niño Jesús en un establo y lo envolvió en telas y lo puso en el pesebre, que le sirvió de cama.

En los campos cercanos, de noche, los pastores vigilaban a sus ovejas. Entonces un ángel del Señor vino a ellos, brillando con la gloria de Dios, y los pastores se asustaron. Pero el ángel les dijo: «No teman. Tengo noticias buenas y de gozo para todos. Hoy ha nacido el Salvador en la ciudad de David. Es Cristo el Señor. Así sabrán que es él. Encontrarán al bebé envuelto en telas acostado en un pesebre, donde se alimenta al ganado».

De repente aparecieron muchos ángeles a la vez, alabando y dando gracias a Dios. Decian: «Gloria a Dios en las alturas y paz a todos los que le agradan en la tierra».

Los ángeles volvieron al cielo y los pastores decidieron ir a Belén para comprobar lo que el ángel del Señor acababa de decirles. Fueron deprisa y encontraron a María y a José, y también al niño Jesús, que estaba acostado en un pesebre. Cuando vieron a Jesús, contaron a todos los que pudieron lo que el ángel dijo de él. Todos los que lo oyeron quedaron asombrados. Pero María guardó todas estas palabras en su corazón y las atesoró.

Los pastores volvieron a los campos, llenos de alegría. Dieron gracias a Dios por todo lo que habían oído y visto.

Cuando el bebé cumplió ocho días, fueron al templo y le pusieron oficialmente el nombre Jesús. Unas semanas más tarde, María y José llevaron al niño Jesús a Jerusalén para presentárselo a Dios. En Jerusalén, un hombre llamado Simeón esperaba con anhelo la llegada del Mesías para rescatar a Israel. El Espíritu Santo estaba con él y le había hecho saber que no moriría sin antes haber visto al Mesías. Estando en el templo, donde estaban María y José con Jesús, Simeón tomó a Jesús en sus brazos, alabó a Dios y dijo: «Señor, ahora puedo morir en paz, como tú has dicho. Mis ojos han visto a aquel que salvará al pueblo del castigo de sus pecados».

(Adaptado de Lucas 2.1-35)

LA ESTRELLA

La historia de los sabios de Oriente

Jesús nació en Belén, en el país de Judea, en el tiempo en que Herodes era rey. Poco después del nacimiento de Jesús, llegaron unos sabios a Jerusalén desde Oriente. Preguntaron: «¿Dónde está el Rey de los judíos que ha nacido? Vimos su estrella en Oriente y venimos a adorarle».

El rey Herodes oyó esto, sintió celos y se preocupó pensando en quién podría ser este nuevo rey. Convocó a todos los líderes religiosos y maestros de los judíos para preguntarles dónde iba a nacer el Cristo. Le dijeron: «En Belén de Judea».

Herodes se reunió en secreto con los magos y los envió a Belén, diciéndoles: «Vayan y encuentren al niño, y avísenme cuando lo encuentren para que yo también pueda ir a adorarlo».

Así que los sabios siguieron su camino, guiados por la estrella que habían visto en Oriente. La estrella se detuvo sobre el lugar donde estaba Jesús, y se alegraron mucho. Cuando encontraron a Jesús con su madre, María, se postraron y le adoraron. Le presentaron regalos: oro, incienso y mirra. Cuando llegó la hora de partir, regresaron a su país por un camino diferente. Querían mantenerse lejos del rey Herodes porque Dios les advirtió en un sueño que el rey quería hacer daño a Jesús.

Después de que los sabios se fueran, un ángel del Señor vino a José en sueños. Le dijo: «Levántate y llévate a Jesús y a su madre a Egipto. Ve tan rápido como puedas y quédate allí hasta que yo te diga. Herodes está buscando a Jesús para matarlo». Así que, durante la noche, José se levantó y partió con Jesús y María hacia Egipto. Esto

sucedió para cumplir lo que Dios había dicho mucho antes a través de un antiguo profeta: *«Llamé a mi Hijo de Egipto».*

Cuando Herodes se enteró de que los sabios le habían engañado, se enojó mucho. Envió hombres a matar a todos los niños menores de dos años de Belén y sus alrededores. Pero, cuando Herodes murió, un ángel del Señor vino a José en sueños mientras estaba en Egipto y le dijo que ya era seguro regresar a la tierra de los judíos y que debía hacerlo.

José obedeció. Dios le dijo en un sueño que fuera a Galilea. Allí, José se alojó en un pueblo llamado Nazaret. Sucedió tal y como habían dicho los antiguos profetas: «Jesús será llamado nazareno».

En cada detalle de la historia de Navidad, Dios estaba cumpliendo su promesa de dar al mundo el mayor regalo de todos, el Salvador y Mesías, Jesucristo.

(Adaptado de Mateo 2)

Día de Año Nuevo
1 de enero
El Día de Año Nuevo es el primer día del año que comienza. Es una festividad para mirar con esperanza hacia el año venidero.

Día de Martin Luther King Jr.
Tercer lunes de enero
El Día de Martin Luther King Jr. se celebra cerca del cumpleaños de Martin Luther King Jr., que nació el 15 de enero de 1929. Se le conoce y celebra por la labor que realizó para fomentar la compasión, la justicia y la igualdad racial.

Día de San Valentín
14 de febrero
San Valentín es un día especial para celebrar y promover el amor. Por tradición, se intercambian tarjetas, regalos y flores, y mucha gente lo celebra también con cenas.

Día de los Presidentes
Tercer lunes de febrero
El Día de los Presidentes honra especialmente a dos de los presidentes más destacados de Estados Unidos: George Washington y Abraham Lincoln. También celebra a todos los presidentes estadounidenses. Se celebra cerca del cumpleaños del primer presidente estadounidense, George Washington, que nació el 22 de febrero de 1732.

Día de San Patricio
17 de marzo
El Día de San Patricio es un día especial para celebrar las tradiciones irlandesas porque san Patricio fue un santo cristiano recordado y honrado por llevar el cristianismo a Irlanda.

Miércoles de Ceniza
Febrero o marzo
El Miércoles de Ceniza es el primer día de Cuaresma, que consta de cuarenta días, sin incluir los domingos, de ayuno y arrepentimiento antes de la celebración de la Pascua.

Domingo de Ramos
El domingo antes de Pascua
El Domingo de Ramos recuerda el día en que Jesucristo entró en Jerusalén montado en un burro. La gente cortó ramas de palma y las puso en el camino para que su burro caminara sobre ellas mientras le daban la bienvenida y le alababan.

Viernes Santo
El viernes anterior al Domingo de Pascua, o de Resurrección
El Viernes Santo recuerda el día en que Jesucristo fue arrestado y condenado a muerte en la cruz para sufrir el castigo por el pecado y ofrecer la salvación a las personas.

Domingo de Pascua (o de Resurrección)
Un domingo de marzo o abril
Este domingo es un día especial para celebrar que Jesucristo resucitó de la muerte y ofrece salvación y vida eterna a todos los que confían en él como Salvador.

Día Nacional de Oración
Primer jueves de mayo
El Día Nacional de Oración es un día especial para animar al pueblo a dirigirse a Dios en oración.

Día de la Madre
Segundo domingo de mayo
El Día de la Madre es un día especial para recordar, honrar y apreciar a las madres por su duro trabajo y amor en la crianza de sus hijos.

Día de los Caídos
Último lunes de mayo
El Día de los Caídos es un día especial para recordar y honrar a aquellos que han muerto sirviendo a nuestro país.

Día de la Bandera
14 de junio
El Día de la Bandera nos recuerda cuando los líderes establecieron por primera vez una bandera que representara a nuestra nueva nación, durante la Guerra de la Independencia, el 14 de junio de 1777.

Día del Padre
Tercer domingo de junio
El Día del Padre es un día especial para recordar, honrar y apreciar a los padres por su duro trabajo y su amor en la crianza de sus hijos.

Día de la Independencia
4 de julio
El Cuatro de Julio honra el día en que los Estados Unidos de América se declararon nación independiente y adoptaron la Declaración de Independencia. La celebración popular consiste sobre todo en picnics y fuegos artificiales.

Día del Trabajo
Primer lunes de septiembre
El Día del Trabajo es un día especial para celebrar a los trabajadores estadounidenses.

Día de los Veteranos
11 de noviembre
El Día de los Veteranos es un día especial para honrar a todos los que han servido en las Fuerzas Armadas de Estados Unidos.

Día de Acción de Gracias
Cuarto jueves de noviembre
Acción de Gracias es un día especial para celebrar y dar gracias por todas las cosas que Dios nos ha dado. Es un tiempo para reunirse con la familia y los amigos y disfrutar juntos de una espléndida comida.

Día de Navidad
25 de diciembre
Navidad es el día especial para recordar y honrar el nacimiento de Jesucristo. La gente intercambia regalos y tiene muchas tradiciones especiales, comidas y banquetes con la familia y los amigos para celebrar ese día.

MIS NOTAS

MIS NOTAS

....

....

....

....

....

....

....

....

....

....

....

....

....

....